KB073167

명의신탁
분쟁사례

명의신탁
분쟁사례

ⓒ 김계환 · 문정균, 2022

초판 1쇄 발행 2022년 9월 5일
　　2쇄 발행 2023년 7월 17일

지은이　　김계환 · 문정균
펴낸이　　이기봉
편집　　　좋은땅 편집팀
펴낸곳　　도서출판 좋은땅
주소　　　서울특별시 마포구 양화로12길 26 지월드빌딩 (서교동 395-7)
전화　　　02)374-8616~7
팩스　　　02)374-8614
이메일　　gworldbook@naver.com
홈페이지　www.g-world.co.kr

ISBN　979-11-388-1213-9 (03360)

- 가격은 뒤표지에 있습니다.
- 이 책은 저작권법에 의하여 보호를 받는 저작물이므로 무단 전재와 복제를 금합니다.
- 파본은 구입하신 서점에서 교환해 드립니다.

법무법인 감우

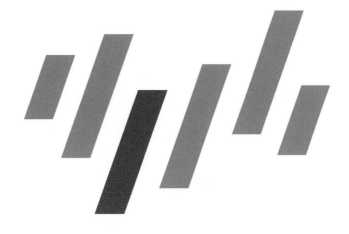

명의신탁
분쟁사례

名義信託 紛爭事例

김계환 변호사 · 문정균 변호사 공저

좋은땅

서문

부동산실명제가 시행된 지 벌써 4분의 1세기가 지났지만, 명의신탁과 관련된 소송은 연간 수천 건에 이를 정도로 여전히 많다. 변호사를 하든 공직에 있는 법조인이라면, 언젠가 한 번은 실무에서 부딪히게 되는 이슈 중 하나가 명의신탁이라고 해도 과언이 아니다. 강제집행을 피하거나 조세 부담을 회피하기 위한 부정한 목적으로 명의신탁을 하는 경우가 여전히 많을 뿐 아니라, 종중 명의신탁과 같이 우리의 문화적 배경 또한 명의신탁 사건이 많을 수밖에 없는 원인이 되고 있다.

특히 최근 부동산과 관련한 각종 조세 부담이 늘어나고, 투기와 관련한 각종 규제가 많아지면서, 명의신탁이 줄어들기는커녕 오히려 더 늘어났을 것으로 추정된다. 앞으로도 명의신탁과 관련한 분쟁이 쉽게 줄어들 수 없는 이유다. 이와 더불어 최근 대법원은 명의수탁자가 임의로 명의신탁부동산을 처분하는 행위에 대하여 판례를 변경(대법원 2014도6992 판결, 대법원 2016도18761 판결)하여 횡령죄 성립을 부정하는 등 그 법리에 있어서도 상당한 변화가 있어 왔고, 앞으로도 그럴 것으로 예상된다.

이런 이유에서인지 명의신탁과 관련한 법률적 쟁점들은 그동안 사법시험 시절은 물론 이후 로스쿨 체제하에서도 중요하게 다루어져 왔을 정도로 법조인들에게는 친숙한 주제가 되어 있다. 하지만, 막상 실무에서 실제 분쟁사례를 접하면, 그 해결이 쉽지 않고, 어려운 경우에 속한다.

우선, 명의신탁의 입증과 판단이 쉽지 않다. 명의신탁과 같이 법으로 금지된 행위를 하는 사람들은 계약서 등 그 법률관계를 명확하게 규정짓는 문서를 작성하지 않는 경우가 통상이고, 명의신탁은 주로 가까운 사람들 사이에서 이루어지는 특징이 있다 보니, 분쟁에 대비한 준비도 없는 경우가 많기 때문이다.

그리고 2자간에 이루어지는 통상적인 계약관계와 달리 명의신탁은 3자간 혹은 그 이상의 다수당사자가 관여되는 경우가 많고, 이러한 점은 각 당사자 사이의 법률관계를 파악하는 데 어려움을 초래한다. 명의신탁과 관련하여서는 명의신탁자와 명의수탁자 사이의 분쟁뿐만 아니라, 그들의 채권자와 사이의 분쟁(사해행위취소), 명의신탁 재산을 상속이나 이혼 시 재산분할 대상에 포함시킬 것인지의 다툼 등 제3자와 사이에서의 분쟁 유형도 매우 다양하고, 그만큼 사건의 난이도가 높아질 수밖에 없다.

이런 이유로 이 책은 명의신탁과 관련한 분쟁을 다루는 법조인들에게 실무를 함에 있어 꼭 필요한 정보를 전달하는 데 그 목적을 두었다. 명의신탁과 관련한 최근 하급심 판결례를 소개하고, 이를 분석 및 검토함으로써, 다양한 유형의 명의신탁 관련 소송 실무에 도움이 되고자 했다. 이 책은 하급심 판결에서 나타난 구체적 사실관계, 법원의 판단 내용, 그리고 판결 내용에 대한 설명을 하는 식으로 구성되어 있다. 사실관계와 법원의 판단 부분은 해당 사례에서 주된 쟁점이 되는 부분을 중심으로 정리하되, 되도록 판결문 원문에서 인정된 사실관계와 판단 내용을 그대로 반영하였고, 판결 내용에 대한 설명에서는 대법원 판례 등 관련 법리와 법령을 중심으로 대상 판결의 취지를 설명하는 데 초점을 맞추었다.

그리고 명의신탁과 관련한 다양한 유형의 분쟁사례들을 다루기 위해, 분쟁 유형과 쟁점을 중심으로 명의신탁의 사실인정(제1장), 명의신탁의 대내·외적 효력(제2장), 명의신탁과 사해행위(제3장), 명의신탁과 형사처벌(제4장), 명의신탁과 과징금(제5장), 명의신탁과 조세(제6장), 주식 명의신탁(제7장)으로 분류하여 구성하였다.

아무쪼록 이 책이 명의신탁과 관련된 분쟁을 겪고 있거나 소송 실무를 하는 분들에게 조금이나마 도움이 되었으면 한다.

2022년 여름 서초동 사무실에서

목차

제2장 명의신탁의 대내 · 외적 효력

제3장 명의신탁과 사해행위

제4장 명의신탁과 형사처벌

제5장　명의신탁과 과징금

제6장 명의신탁과 조세

제7장　주식명의신탁

제1장

명의신탁의 사실인정

명의신탁의 사실인정에 있어서는 등기의 추정력이 적용되기 때문에, 명의신탁 약정의 존재는 이를 주장하는 자에게 입증책임이 있다. 실무상 법원은 명의신탁의 사실인정에 있어 1) 등기권리증을 누가 소지하여 왔는지, 2) 매수자금을 누가 부담하였는지, 3) 사용·수익·처분을 누가 하여 왔는지, 4) 해당 부동산의 재산세를 누가 부담하여 왔는지 등을 그 중요한 판단 자료로 삼고 있다.

1

명의신탁과 등기의 추정력-명의수탁자가 등기부상 기재와 등기원인을 다르게 주장하는 경우

(청주지방법원 충주지원 2021. 7. 21. 선고 2020가단22257 판결)

[사건 개요]

이 사건 건물은 D의 소유였다가 2006. 6. 24. 상속재산 협의분할을 원인으로 2009. 4. 9. 원고에게 소유권이전등기가 됨. 이후 원고의 동생인 C에게 2009. 4. 20. 소유권이전청구권가등기가 경료되었고, C는 2014. 5. 16. 그 가등기에 기한 본등기를 마침.

이후 다시 이 사건 건물은 2014. 7. 4. C로부터 원고와 동거하던 사실혼 배우자 피고에게 2014. 7. 3.자 매매를 원인으로 소유권이전등기가 되었음.

원고는 2014년경부터 피고와 동거하다가 2019. 8.경 동거를 종료하였음.

원고는 이 사건 건물은 C가 원고에게 양도한 것인데, 사업상의 이유로 3자간 명의신탁약정에 따라 피고에게 명의신탁하였을 뿐이라고 주장하면서, 명의신탁약정을 해지하고 C를 대위하여 피고 명의 소유권이전등기의 말소를 구함.

이에 대하여 피고는 원고와 사실혼 관계를 유지하던 중 이 사건 건물을 증여받은 것이라고 주장.

[법원의 판단]

부동산등기는 그것이 형식적으로 존재하는 것 자체로부터 적법한 등기원인에 의하여 마쳐진 것으로 추정되고, 타인에게 명의를 신탁하여 등기하였다고 주장하는 사람은 그 명의신탁 사실에 대하여 증명할 책임을 진다(대법원 2015. 10. 29. 선고 2012다84479 판결 등 참조). 그리고 부동산에 관하여 소유권이전등기가 마쳐져 있는 경우에는 그 등기명의자는 제3자에 대하여서 뿐 아니라, 그전 소유자에 대하여서도 적법한 등기원인에 의하여 소유권을 취득한 것으로 추정되는 것이므로 이를 다투는 측에서 그 무효사유를 입증하여야 한다.

부동산등기는 현재의 진실한 권리상태를 공시하면 그에 이른 과정이나 태양을 그대로 반영하지 아니하였어도 유효한 것으로서 등기명의자가 전 소유자로부터 부동산을 취득함에 있어 등기부상 기재된 등기원인에 의하지 아니하고, 다른 원인으로 적법하게 취득하였다고 하면서 등기원인행위의 태양이나 과정을 다소 다르게 주장한다고 하여 이러한 주장만 가지고 그 등기의 추정력이 깨어진다고 할 수는 없을 것이다. 따라서 이러한 경우에도 이를 다투는 측에서 등기명의자의 소유권이전등기가 전 등기명의인의 의사에 반하여 이루어진 것으로서 무효라는 주장·입증을 하여야 한다 (대법원 2015. 8. 27. 선고 2015다215823 판결 등 참조). 따라서 이 사건에서 피고가 등기부에 기재된 원인(매매)과 상위한 취득원인(증여)을 주장하고 있기는 하나, 그럼에도 불구하고 피고 명의의 소유권이전등기가 무효인 명의신탁약정에 기한 것으로 무효라는 점은 원고가 증명하여야 한다 (원고가 피고에게 이 사건 건물을 명의신탁하였다고 인정하기에 부족하다고 보아 원고 청구 기각).

[설명]

대상판결 사안의 경우 피고는 매매를 원인으로 이 사건 건물의 소유권이전등기를 하였는데, 실제로는 사실혼관계에 있던 원고가 이 사건 건물을 증여한 것이라고 주장하였다. 이와 같이 실제 등기원인이 등기부상 기재된 등기원인과 다른 경우에도 법원은 그 부동산 등기가 유효한 것으로 추정되는 추정력이 유지된다고 일관되게 판단하여 오고 있다.

이는 명의신탁의 경우에도 마찬가지이므로, 피고에게 이 사건 건물을 명의신탁하였다고 주장하는 원고가 명의신탁약정 사실을 입증하여야 한다. 위 사안의 경우 이 사건 건물에 관한 등기권리증을 당초부터 피고가 소지하고 있었을 가능성이 있는 점(적어도 원고가 등기권리증을 제출하지 않은 점), 이 사건 건물에 관하여 등기명의인인 피고에게 부과된 재산세를 피고가 자신의 부담으로 납부하였다고 주장하는 반면, 원고가 이를 부담하였다고 볼 자료가 없는 점, 원고와 피고는 경제적으로 부부에 유사한 공동생활의 관계에 있었다고 보이는데, 그렇다면 명시적인 대가 없이 이 사건 건물의 등기명의가 이전되었다고 하여 이를 명의신탁으로 단정하기는 어려운 점 등에 비추어, 원고가 피고에게 이 사건 건물을 명의신탁하였다고 인정하기에 부족하다고 판단하였다.

2

부동산소유 명의자가 매수자금 마련 경위에 관하여 구체적인 설명을 하지 못하고 있다는 사정만으로는 명의신탁으로 단정하기 어렵다고 본 사례

(의정부지방법원 고양지원 2021. 5. 20. 선고 2020가단98018 판결)

[사건 개요]

원고는 2005. 4. 3. A에게 7,400만 원을 대여하였고, A를 상대로 대여금 청구의 소를 제기하여 2011. 8. 26. 승소판결을 받았음. A는 자신이 소유하던 아파트를 2006. 9.경 매도하고, 그 아파트에서 임차인으로 거주하였는데, A의 배우자인 피고는 2008. 5.경 이 사건 부동산을 매수하여 같은 해 7. 29. 소유권이전등기를 마쳤음.

원고는 채무자인 A가 소유하던 아파트 매매대금 중 일부를 임대차보증금 형태로 가지고 있다가 그 돈으로 이 사건 부동산을 배우자인 피고 명의로 매수하여 소유권이전등기를 한 것이므로, A가 피고에게 이 사건 부동산을 명의신탁한 것이라고 주장하면서, 무자력자인 A에 대한 대여금 채권의 보전을 위하여 A를 대위하여 명의신탁 해지를 통보하고, 피고는 A에게 이 사건 부동산에 대한 소유권이전등기를 이행할 것을 청구함.

[법원의 판단]

부동산에 관하여 그 소유자로 등기되어 있는 자는 적법한 절차와 원인에 의하여 소유권을 취득한 것으로 추정되므로 그 등기가 명의신탁에 기한 것이라는 사실은 이를 주장하는 자에게 입증책임이 있다(대법원 2008. 4. 24. 선고 2007다90883 판결 참조). 피고가 이 사건 부동산을 취득한 이래로 이미 12년이 지난 점을 고려하면, 피고가 매수자금에 관한 구체적인 내역을 세세히 설명하지 못하고 있다는 사정만으로 원고의 주장대로 A로부터 이 사건 부동산의 매수자금을 제공받은 것이라고 단정할 수 없다. 을 제1에서 12호증의 각 기재에 따르면, 피고는 교육 관련 업무에 종사한 것으로 보이고 본인 명의 부동산도 보유하고 있었는 바, 피고의 경제력이 없었던 것으로 보이지도 않는다. 이러한 사정을 고려하면 원고가 제출한 증거들만으로는 A가 피고에게 이 사건 부동산을 명의신탁하였다고 인정하기 부족하고, 달리 이를 인정할 증거가 없다(원고의 청구 기각).

[설명]

부동산 실권리자명의 등기에 관한 법률(약칭: 부동산실명법)은 명의신탁약정과 명의신탁약정에 따른 등기로 이루어진 부동산에 관한 물권변동을 무효로 하고 있으나(제4조 제1항, 제2항), 배우자 명의로 부동산에 관한 물권을 등기한 경우는 그것이 조세 포탈, 강제집행 면탈 또는 법령상 제한의 회피를 목적으로 한 경우가 아니면 이를 무효로 보고 있지 않다(제8조, 제2호). 이 사건의 경우 배우자 간의 부동산명의신탁이 문제된 사건인데,

명의신탁은 등기의 추정력을 전제로 하면서 그 등기가 명의신탁계약에 의해 성립된 사실을 주장하는 것이므로, 그 등기에 추정력이 있다고 하더라도 명의신탁자는 명의수탁자에게 대하여 등기가 명의신탁에 의한 것임을 주장할 수 있다(대법원 2007. 2. 22. 선고 2006다68506 판결). 다만, 법원은 부동산에 관하여 그 소유자로 등기되어 있는 자는 적법한 절차와 원인에 의하여 소유권을 취득한 것으로 추정되므로 그 등기가 명의신탁에 기한 것이라는 사실은 이를 주장하는 자에게 입증책임이 있다(대법원 2008. 4. 24. 선고 2007다90883 판결)고 판단해 오고 있다. 이 사건의 경우 입증책임이 명의신탁을 주장하는 원고 측에 있으므로, 소유명의자인 피고가 매수자금 마련 경위를 구체적으로 설명하지 못하고 있고 하더라도, 그 자체만으로 명의신탁약정이 입증되는 것은 아니다. 더구나 매매계약 체결이 있은 지 오랜 시간이 경과되어 매수자금 마련 경위를 설명하는데 한계가 있을 수 있으며, 소유명의자가 경제력이 없었다고 보기도 어렵기 때문에, 위와 같은 사정만으로 명의신탁의 존재가 입증된 것은 아니라고 본 것이다.

대상사건의 경우 명의신탁의 존재를 입증하기 위해서는 적어도 A가 자신이 소유하다 매도한 아파트에서 임차인으로 거주할 당시 임차인 명의자가 누구인지와 임대차 종료시 보증금을 반환받아 어디에 사용하였는지(즉, 이 사건 아파트 매수자금으로 사용되었는지.) 등이 입증되어야 할 것으로 판단된다. 다만, 대상사건의 경우 이 사건 부동산의 매수자금의 출처가 A라는 사실과 나아가 명의신탁 약정의 존재가 입증된다고 하더라도, 계약명의신탁으로 볼 여지가 크고, 이 사건 아파트의 매도인이 선의인 이상 피고가 소유권을 확정적으로 취득한다. 이때, A의 피고에 대한 부당이득반환채권은 소멸시효가 완성되었을 가능성이 높아 설령 명의신탁 사실이 인정되더라도 원고의 청구는 기각될 위험이 있다.

3

부동산을 구입하면서 부동산 매수자금의 일부를 부담하였다는 것만으로 명의신탁으로 볼 수 있는지 여부

(부산지방법원 서부지원 2021. 5. 26. 선고 2019가합101972 판결)

[사건 개요]

피고는 2018. 4. 12. 소외 D로부터 이 사건 부동산을 365,000,000원에 매수하고, 2018. 5. 2. 피고 명의로 소유권이전등기를 마침. 피고는 2018. 5. 2. 273,000,000원을 담보대출 받아 이 사건 부동산의 매매대금을 지급하면서, 이 사건 부동산에 근저당권설정등기를 마쳐 줌. 피고는 위 담보대출금 외 매매대금 중 일부는 배우자인 C로부터 42,300,000원을 송금받아 지급하였음. C는 자신의 채권자인 원고에게 2018. 12. 21. "C는 2018. 12. 31.까지 피고 명의의 이 사건 부동산 소유권을 원고 또는 원고가 지정하는 법인이나 개인에게 소유권 이전에 필요한 서류를 책임지고 교부한다. 만약 이를 이행하지 못할 경우 하루 50만 원씩 위약벌을 원고에게 지급한다.", "원고 측이 고객 대납 및 C 직원들의 인건비로 지급한 자금을 유용하여 2018. 4.에 이 사건 부동산을 피고 명의로 소유권이전하였음을 확인한다."는 등의 내용이 담긴 확약서를 작성하여 주었음.

원고는 주위적으로 C를 대위하여 C가 배우자인 피고와의 계약명의신탁 약정에 따라 이 사건 부동산을 피고 명의로 매수하여 소유권이전등기를 하였다면서, 매수자금 중 담보대출금을 제외한 나머지를 부당이득으로써 반환할 것을, 예비적으로 C가 매수자금 중 42,300,000원을 피고에게 송금한 것을 증여로 보아 위 증여계약을 사해행위로 취소하고, 이를 반환할 것을 청구함.

[법원의 판단]

민법 제830조 제1항에 의하여 부부의 일방이 혼인 중 그의 단독 명의로 취득한 부동산은 그 명의자의 특유재산으로 추정되므로 그 추정을 번복하기 위하여는 다른 일방 배우자가 실제로 당해 부동산의 대가를 부담하여 그 부동산을 자신이 실질적으로 소유하기 위하여 취득하였음을 증명하여야 한다. 이때 단순히 다른 일방 배우자가 그 매수자금의 출처라는 사정만으로는 무조건 특유재산의 추정을 번복하고 당해 부동산에 관하여 명의신탁이 있었다고 볼 것은 아니고, 관련 증거들을 통하여 나타난 모든 사정을 종합하여 다른 일방 배우자가 당해 부동산을 실질적으로 소유하기 위하여 그 대가를 부담하였는지를 개별적·구체적으로 가려 명의신탁 여부를 판단하여야 하며, 특히 다른 증거에 의하여 이러한 점을 인정하기 어려운 사정이 엿보이는 경우에는 명의자 아닌 다른 일방 배우자가 매수자금의 출처라는 사정만으로 명의신탁이 있었다고 보기는 어렵다(대법원 2013. 10. 31. 선고 2013다49572 판결 등).

이 사건 부동산의 매수자금으로 사용된 은행 대출금 273,000,000원의 채무자가 C가 아니라 피고인 점, 은행 대출금 이자가 자동 이체되는 것도 피고 명의의 계좌이고 이 계좌에서 생활비로 지출된 것으로 보이는 돈도 일부 있는 점 등 제반 사정에 비추어 보면, 원고가 제출한 증거들만으로는 C가 이 사건 부동산 매수자금의 출처라는 사정이 인정될 뿐, 더 나아가 C와 피고 사이에 이 사건 부동산에 관한 명의신탁약정이 있다는 사실을 인정하기에 부족하고, 달리 이를 인정할 만한 증거가 없다(다만, 예비적 청구는 인용됨.).

[설명]

부동산 매수자금을 매수인이 아닌 그의 배우자가 일부 부담한 사실이 입증된다고 하더라도, 그 자체만으로는 매수자금을 부담한 배우자와 매수인 사이에 명의신탁약정이 있는 것으로 단정하기는 어렵다고 본 사안이다. 법원은 이러한 경우 민법 제830조 제1항에 의하여 부부의 일방이 혼인 중 단독 명의로 취득한 부동산은 그 명의자의 특유재산으로 추정되므로 당해 부동산의 취득자금의 출처가 명의자가 아닌 다른 일방 배우자인 사실이 밝혀졌다면 일단 그 명의자가 배우자로부터 취득자금을 증여받은 것으로 추정할 수 있다(대법원 2008. 9. 25. 선고 2006두8068 판결)고 판단하고 있다. 위 사건의 경우도 법원은 채무자가 배우자인 피고에게 매수자금 일부를 증여한 것으로 보아 예비적 청구인 사해행위취소 청구는 인용하였다.

대상사건의 경우와 같이 해당 부동산의 매수자금 전부 또는 일부를 채무자가 부담한 사실이 인정되는 경우에 명의신탁이 인정되는 경우와 명의신탁이 아닌 채무자가 매수자금을 증여한 것으로 보아 이를 사해행위로 취소하는 경우에 있어서는 피고가 반환 또는 원상회복하여야 할 원금에 차이가 있을 수도 있지만, 그 외에도, 가집행 선고 여부와 지연이자 기산일이 달라지는 중요한 차이가 있게 된다. 사해행위취소의 경우 가액반환청구가 인용된다고 하더라도, 가집행 선고를 할 수 없고, 지연이자도 확정일 다음 날부터 기산되게 된다.

4

매매를 원인으로 한 소유권이전등기 시 실제 매매대금을 지급하지 않은 사정만으로는 명의신탁으로 보기 어렵다는 사례

(춘천지방법원 원주지원 2021. 5. 18. 선고 2020가단2518 판결)

[사건 개요]

원고는 피고의 누나인 C와 혼인하였다가 2010년경 이혼하였고, 피고는 1998년경부터 2010년경까지 매형인 원고의 사업체에서 임직원으로 일하면서 원고의 사업 운영을 도왔음. 원고는 1999. 5. 12. 이 사건 주택을 임의경매절차에서 매수하여 소유권을 취득한 후 1999. 12. 31. 원고의 동생 F에게 매매예약을 원인으로 한 소유권이전청구권 가등기를 설정하여 줌. 피고는 원고의 허락하에 2003. 6. 26.부터 이 사건 주택에서 무상으로 거주하였고, 원고는 2006. 10. 24. F에게 가등기에 기한 소유권이전 본등기를 마치고, 곧바로 F로부터 피고에게로 매매를 원인으로 한 소유권이전등기를 마침.

이후 피고는 2018. 10. 21. 이 사건 주택을 1억 900만 원에 매도하고, 같은 해 12. 26. 소유권이전등기를 마침.

원고는 처남이었던 피고에게 이 사건 주택을 명의신탁하였던 것인데, 피고가 이 사건 주택을 임의로 처분하였으므로, 그 매매대금 1억 900만 원은 부당이득으로서 원고에게 반환할 것을 청구함.

[법원의 판단]

원고가 2006. 10. 24. F를 거쳐 피고에게 이 사건 주택에 관하여 매매를 원인으로 한 소유권이전등기를 마칠 당시에 원고와 피고 사이에 매매대금을 주고받지는 않았던 점은 피고도 자인하고 있으나, 이러한 사정만으로 원고와 피고 사이에 이 사건 주택에 관한 명의신탁약정이 있었다고 인정하기에는 부족하다.

오히려 2006. 10. 24. (피고에게 소유권이전등기가 된 시점) 이후로 피고가 이 사건 주택의 등기권리증을 소지하고 재산세를 납부하면서 이 사건 주택을 실질적으로 사용·관리·처분하였던 사실, 피고가 이 사건 주택에서 인근의 주택으로 이사하면서 그 무렵 이 사건 주택을 임대할 때에도 임대차계약의 체결 및 보증금 수령을 피고가 직접 하였으며, 피고의 이러한 처분·관리행위에 대해 원고가 그 당시에 아무런 이의를 제기하지 않았던 사실, 원고가 당시 처남이었던 피고에게 서울로 이사하여 원고의 사업체 운영을 돕도록 하였던 점까지 더해 보면, 원고가 사업체 운영이 잘되고 경제적으로 부유하며 부부 관계가 원만하던 시기에 자신의 사업을 지근거리에서 돕는 처남에게 살림집을 마련해 주는 차원에서 이 사건 주택을 증여한 것인데, 2010년 이후로 사업에 실패하고 이혼을 하게 되자 그제야 비로

소 명의신탁이라고 주장하는 것으로 보일 뿐이다.

[설명]

위 사건은 피고 명의의 소유권이전등기의 원인은 매매이지만, 피고는 증여에 의한 취득을 원고는 명의신탁을 각 주장한 경우이다. 그런데, 부동산에 관하여 그 소유자로 등기되어 있는 자는 적법한 절차와 원인에 의하여 소유권을 취득한 것으로 추정되므로 그 등기가 명의신탁에 기한 것이라는 사실은 이를 주장하는 자에게 입증책임이 있다(대법원 2008. 4. 24. 선고 2007다90883 판결). 또한 부동산등기는 현재의 진실한 권리상태를 공시하면 그에 이른 과정이나 태양을 그대로 반영하지 아니하였어도 유효한 것으로서, 등기명의자가 전 소유자로부터 부동산을 취득함에 있어 등기부상 기재된 등기원인에 의하지 아니하고 다른 원인으로 적법하게 취득하였다고 하면서 등기원인행위의 태양이나 과정을 다소 다르게 주장한다고 하여 이러한 주장만 가지고 그 등기의 추정력이 깨어진다고 할 수는 없다(대법원 1996. 2. 27. 선고 95다42980 판결). 나아가 등기명의자가 등기부에 기재된 것과 다른 원인으로 등기 명의를 취득하였다고 주장하고 있지만 그 주장 사실이 인정되지 않는다 하더라도 그 자체로 등기의 추정력이 깨어진다고 할 수 없으므로, 그와 같은 경우에도 등기가 원인 없이 마쳐진 것이라고 주장하는 쪽에서 그 무효 사유를 주장·입증할 책임을 지게 된다(대법원 1997. 9. 30. 선고 95다39526 판결).

따라서 대상사건의 경우 실제 매매대금 지급을 하지 않았음을 피고가 자인함으로써 등기원인인 매매사실 인정되지 않는다고 하더라도, 여전히 피고 명의의 등기의 추정력이 깨지지 않으므로, 그것만으로는 명의신탁 사실이 인정되지 않고, 원고가 피고와의 명의신탁 약정 사실을 입증할 책임이 있다. 대상사건에서 법원은 원고가 등기원인사실인 매매사실이 인정되지 않는다는 점 외에 명의신탁 약정에 관한 입증을 하지 못하였고, 오히려, 제반 사정(즉, 등기권리증을 피고가 소지한 점, 재산세 납부를 피고가한 점, 대상 부동산의 처분행위를 피고가 한 점 등)과 원, 피고의 관계 등을 고려할 때, 원고가 이 사건 주택을 피고에게 증여한 것으로 볼 수 있다고 판단한 것이다.

5

부동산 취득 시 매수자금을 매수인 명의자의 대출금으로 마련한 경우에도 명의신탁에 해당하는지 여부

(수원지방법원 성남지원 2020. 6. 18. 선고 2019고합105 판결)

[사건 개요]

피고인은 2016. 10. 24. 성남시 중원구 C토지와 건물을 B로부터 매수하고, 그 매수자금을 은행에서 대출받으면서 일반 대출에 비해 대출 한도가 50% 더 높은 기업시설주택자금 대출을 받기 위해 딸 D에게 부탁하여 D 명의로 소유권이전등기를 경료하기로 한 다음, 같은 날 위 부동산을 D 명의로 소유권이전등기를 경료함으로써 명의신탁을 하였다는 사실(부동산 실권리자명의 등기에 관한 법률위반) 등으로 공소 제기됨.

피고인은 피고인의 딸 D가 매매대금의 부담 및 대출 금액의 결정 시 반영된 재산정보의 주체였고 대출 이자를 변제한 점 등에 비추어 보면, 계약의 당사자인 D가 부동산 등기를 경료받은 것은 명의신탁에 해당하지 않는다고 다툼.

[법원의 판단]

부동산 실권리자명의 등기에 관한 법률 제2조 제1호에 의하면 '명의신 탁약정'이란 부동산에 관한 소유권이나 그 밖의 물권을 보유한 자 또는 사 실상 취득하거나 취득하려고 하는 자가 타인과의 사이에서 대내적으로는 실권리자가 부동산에 관한 물권을 보유하거나 보유하기로 하고 그에 관한 등기는 그 타인의 명의로 하기로 하는 약정을 말하는 바, 명의신탁 관계는 당사자 사이의 이러한 내용을 약정함으로써 성립하는 것이지 명의신탁 목 적물이 반드시 신탁자의 자금으로 취득되어야만 성립하는 것은 아니다(대 법원 2008. 2. 14. 선고 2007다69148, 69155 판결 등 참조).

피고인이 부동산의 매수 여부 및 매매대금을 결정하는 등 본 건 부동산 의 취득 과정, 부동산을 매수한 이후 피고인이 다시 제3자에게 매도한 경 위 등을 종합하면, 비록 D가 본 건 부동산의 매매대금이나 대출 이자를 부 담하였다고 하더라도, 피고인이 위 부동산을 사실상 취득하고 대내적으로 는 부동산에 관한 물권을 실질적으로 보유하면서 그 등기만을 D명의로 한 사실이 넉넉히 인정된다(부동산 실권리자명의 등기에 관한 법률위반의 점 에 대하여 유죄로 판단).

[설명]

통상 명의신탁의 인정 여부를 판단하는 데 있어 해당 부동산의 매수자금 을 누가 부담하였는지(매수자금의 출처)는 매우 중요하게 고려된다. 예컨대 대전지방법원 2021. 7. 22. 선고 2020노548 판결은 피고인이 피해자 소유이전 토지에 관하여 매매대금 상당의 대가를 지급하지 않고 소유권이전등기를 경료한 점을 피고인이 피해자로부터 토지를 명의신탁 받은 것이라는 근거로 삼았고, 서울서부지방법원 2021. 11. 12. 선고 2021가단200740 판결은 피고가 부동산 지분에 대한 명의신탁을 하였다는 주장을 받아들이지 않는 근거로 명의신탁계약이 체결된 것으로 보기 위하여는 그 전제로 그 지분을 포함한 부동산 전체를 피고의 돈으로 취득하였어야 하는데, 피고가 이를 모두 부담하였다는 증거가 부족하다는 점을 든 바 있다.

그러나 명의신탁 인정 여부에 있어 부동산의 취득자금 출처가 반드시 밝혀져야 한다거나, 항상 결정적인 판단근거가 되는 것은 아니다. 예컨대, 부동산 소유명의자가 해당 부동산의 매수자금에 관한 구체적인 내역을 세세히 설명하지 못하고 있다는 사정만으로 명의신탁이 인정되는 것은 아니다(명의신탁 2번 사례 의정부지방법원 고양지원 2020가단98018 판결 참조). 또한 부부간 명의신탁이 문제되는 경우 단순히 일방 배우자가 그 매수자금의 출처라는 사정만으로 특유재산의 추정을 번복하고 당해 부동산에 관하여 명의신탁이 있었다고 보는 것은 아니다(명의신탁 3번 사례 부산지방법원 서부지원 2019가합101972 판결 참조).

더구나 부동산 실권리자명의 등기에 관한 법률 제2조 제1호는 명의신탁약정을 정의함에 있어 명의신탁 목적물이 신탁자의 자금으로 취득될 것을 요구하고 있지 않다. 이 사건(수원지방법원 성남지원 2019고합105 판결)에서 인용하고 있는 대법원 2008. 2. 14. 선고 2007다69148, 69155 판결 사안의 경우 원심은 소외인이 딸인 피고들의 이름으로 사업을 계속해 온 것으로 보이기는 하나, 부동산 매수대금이 피고 등이 대출받은 자금으로 지급된 것으로 보이고, 달리 신탁자가 매수자금을 제공하였다고 인정할 자료가 없는 점에 비추어 명의신탁으로 볼 수 없다고 판단하였다. 이에 반해 대법원은 명의신탁 관계는 당사자 사이의 내부관계에서는 신탁자가 소유권을 보유하되 외부관계에서는 수탁자가 완전한 소유자로서 행세하기로 약정함으로써 성립하는 것이지 명의신탁 목적물이 반드시 신탁자의 자금으로 취득되어야만 성립하는 것은 아니라고 판단하였다.

대상사건(수원지방법원 성남지원 2019고합105 판결)의 경우도 매매계약서상 매수인 명의는 D로 되어 있으나, 실제로는 피고인이 매매계약서를 작성한 점, 피고인과 D 모두 수사기관에서 실제 매수한 사람은 피고인이라고 진술한 점, 피고인이 부동산을 매수한 이후 다시 제3자에게 매도한 점 등을 종합하면, 비록 D가 매매대금이나 대출이자를 부담하였다고 하더라도, 명의신탁 사실이 인정된다고 판단한 것이다.

<u>6</u>

부동산 매매대금의 일부를 부담한 사실만으로 명의신탁을 한 것으로 보기 어렵다고 본 사례

(의정부지방법원 2022. 1. 28. 선고 2019가단134007 판결)

[사건 개요]

원고는 소외 C에게 2015년경부터 2019년까지 수년 동안 반복적으로 돈을 대여했다가 변제받아 왔고, C는 2019. 4. 18.경 1억 5천만 원을 차용한다는 내용이 기재된 차용증을 작성하여 원고에게 교부함.

원고는 C를 상대로 대여금 청구의 소를 제기하여 2011. 4. 15. "C는 원고에게 150,000,000원 및 이에 대하여 2019. 5. 6.부터 다 갚는 날까지 연 12%의 비율에 의한 금원을 지급하라."는 판결이 선고되었고, C가 항소하였으나 2021. 10. 14. 항소기각 판결이 선고되어 그 무렵 위 판결이 확정됨.

C는 2019. 4. 17. 피고와 사이에 C 소유인 이 사건 부동산에 관한 매매계약(이하 '이 사건 매매계약')을 체결하고, 2019. 4. 23. 피고 명의로 소유권이전등기를 마쳐 줌.

이 사건 매매계약이 체결된 2019. 4. 17. 당시 C의 적극재산은 이 사건 부동산이 유일하였고, 그 시가는 215,000,000원이었음. 당시 C의 소극재산으로는 주식회사 D(이 사건 부동산에 대하여 근저당권 설정) 147,000,000원, 주식회사 E(이 사건 부동산에 대하여 근저당권 설정) 15,167,130원, 원고 150,000,000원의 채무가 있었음.

원고는 이 사건 매매계약이 사해행위에 해당함을 이유로 그 취소를 구하고, 피고는 이 사건 부동산이 C의 누나인 F가 C에게 명의신탁한 재산이므로, C의 책임재산이 아니라고 주장함.

[법원의 판단]

이 사건 부동산에 관하여 2015. 11. 16. C 명의로 분양매매계약서가 작성되었는데, 총 매매대금 2억 2,600만 원 중 계약금 1,000만 원은 2015. 11. 16., 대출금으로 1억 4,700만 원을, 2015. 12. 11. 잔금으로 6,900만 원을 각 지급하기로 약정한 사실, C의 누나인 F가 2015. 11. 16. 500만 원, 2015. 12. 11. 1,000만 원을 각 G에게 이체하면서 받는 통장 메모란에게는 'C'라고 표시하였고, 2015. 12. 23. 3,900만 원을 매도인 I에게 이체하면서 받는 통장 메모란에는 'C'라고 표시한 사실, 위 분양매매계약서상 대출금 1억 4,700만 원은 이 사건 부동산에 C가 채무자가 되어 주식회사 D에 근저당권을 설정하여 주고 받은 대출금으로 지급한 사실, 이 사건 부동산을 매수한 후 F의 가족과 C가 함께 거주하다가 C가 어머니와 함께 살기 위해 나간 사실을 인정할 수 있다.

위 인정사실에 의하면 F가 이 사건 부동산 매매대금을 일부 부담한 것으로 보이기는 한다. 그러나 총 매매대금 2억 2,600만 원 중 F가 부담한 액수는 5,400만 원에 불과한 점, 이 사건 부동산에서 F와 그 가족들만 거주한 것이 아니라 C도 거주했던 점, 피고 스스로 F와 C가 사실상 경제적 공동체를 형성하였다고 주장하고 있는 바, F 명의로 이체된 매매대금도 C가 부담한 것이라고 볼 여지도 있는 점을 고려하면, 위 인정사실과 을 제4, 7호증의 각 기재만으로는 이 사건 부동산이 C에게 명의신탁된 것이라고 인정하기에 부족하다.

나아가 설령 C와 F 사이에 명의신탁약정이 있었다고 하더라도 이 사건 부동산의 매도인들과 사이에 계약명의신탁 관계가 형성되므로 매도인들이 명의신탁 사실을 알았다고 볼 증거가 없는 이상 이 사건 부동산의 소유권은 C에게 확정적으로 귀속된다.

[설명]

대상판결(의정부지방법원 2019가단134007 판결) 사안의 경우 이 사건 부동산의 총 매매대금 2억 2,600만 원에서 담보대출을 받아 지급하기로 한 1억 4,700만 원을 제외한 매매대금은 7,900만 원인데, 이 중 대부분을 차지하는 5,400만 원을 F가 부담하였다는 점, 명의신탁 관계는 당사자 사이에 명의신탁 약정을 함으로써 성립하는 것이지 명의신탁 목적물이 반드시 신탁자의 자금으로 취득되어야만 성립하는 것은 아니어서, 부동산 매수자금 대부분을 매수명의자의 담보 대출금으로 지급하였다는 것만으로 명의신탁 관계가 부정되는 것은 아닌 점(명의신탁 5번 사례 수원지방법원 성남지원 2020. 6. 18. 선고 2019고합105 판결 참조), 또한 이 사건 부동산을 매수하여 F의 가족들이 거주하였다는 점 등을 고려하면, 이 사건 부동산을 F가 C에게 명의신탁한 것으로 볼 여지가 전혀 없는 것은 아니다.

그러나 부동산에 관하여 그 소유자로 등기되어 있는 자는 적법한 절차와 원인에 의하여 소유권을 취득한 것으로 추정되므로 그 등기가 명의신탁에 기한 것이라는 사실은 이를 주장하는 자에게 입증책임이 있다(대법원 2008. 4. 24. 선고 2007다90883 판결 등 참조). 또한 매수자금을 누가 부담하였는지 여부는 명의신탁 인정 여부를 판단하는 데 있어 매우 중요하게 고려되게 된다. 대상사건의 경우 F가 이 사건 부동산의 매수자금 일부를 부담하기는 하였지만, 매수자금의 대부분은 채무자인 C가 자신의 명의로 담보 대출을 받아 부담하였다(C 명의 담보 대출금을 F가 실제 상환하여 오고 있다는 등의 특별한 사정이 없는 한 C가 매수자금 대부분을 부담한 것으로 볼 수밖에 없다.). 그리고 F의 가족뿐 아니라, C도 이 사건 부동산을 매수한 후 같이 거주하고 있었다는 점은 이 사건 부동산의 사용수익을 F가 단독으로 하였다고 보기 어려운 사정이 되므로, 역시 명의신탁사실을 인정하기 어려운 정황으로 볼 수 있다.

그리고 계약명의신탁에서는 매도인이 선의인 경우에는 부동산 실권리자명의 등기에 관한 법률 제4조 제2항 단서에 의하여 그 명의수탁자는 당해 부동산의 완전한 소유권을 취득하게 되므로, 명의수탁자가 채무초과 상태에서 당해 부동산을 명의신탁자 또는 그가 지정하는 자에게 양도하더라도 특별한 사정이 없는 한 다른 채권자의 이익을 해하는 것으로서 다른 채권자들에 대한 관계에서 사해행위가 된다(대법원 2008. 9. 25. 선고 2007다74874 판결). 따라서 대상사건의 경우 이 사건 부동산을 매수할 당시 매도인이 명의신탁 사실을 알았다고 볼 증거가 없는 이상 C는 이 사건 부동산의 소유권을 확정적으로 취득하게 되므로, 이 사건 부동산은 C의 책임재산이 된다. 그러므로 설령 피고의 주장과 같이 명의신탁사실이 인정된다고 하더라도, C가 유일한 부동산인 이 사건 부동산을 매도하는 것은 사해행위가 될 수 있다.

7

경매절차에서 매수대금을 부담하면서 다른 사람 명의로 매각허가결정을 받은 경우 명의신탁관계 성립 여부

(제주지방법원 2021. 5. 13. 선고 2018가합1182 판결)

[사건 개요]

피고는 원고와 2015. 8.경부터 2017. 1.경까지 동거했던 사이임. 피고는 2017. 1. 9. 이 사건 토지에 관하여 공유물분할을 위한 경매절차(이하 '이 사건 경매절차')에서 매각허가결정을 받았는데, 위 경매절차에서 입찰보증금은 같은 날 원고(선정당사자)의 동생인 선정자 C의 계좌에서 지급됨. 이후 선정자 C, D와 E는 피고에게 2017. 2. 20.부터 같은 달 23.경까지 사이에 2억 2,500만 원을 송금함. 피고는 2017. 2. 23. 대출받은 4억 원에다 선정자 C 등이 송금한 돈을 보태어 이 사건 토지에 관한 취·등록세 등 취득비용 31,078,230원과 잔여 매각대금 593,698,300원을 각 지급한 후 같은 날 이 사건 토지에 관한 소유권이전등기를 마침. E는 피고에게 지급한 4,500만 원 및 이에 대한 지연손해금 채권을 원고에게 양도하고, 같은 날 피고에게 채권양도 사실을 통지함.

원고(선정당사자)는 선정자 등을 대리하여 피고와 사이에 이 사건 토지에 관하여 우선 피고 명의로 소유권이전등기를 하되 향후 각자가 제공한 매수대금에 비례하여 지분이전등기를 하기로 하는 명의신탁약정을 체결하였는데, 명의신탁약정이 무효이므로, 선정자 등은 피고에게 지급한 매수대금 및 취득비용을 부당이득으로 반환할 것을 청구함.

[법원의 판단]

부동산 경매절차에서 부동산을 매수하려는 사람이 매수대금을 자신이 부담하면서 다른 사람의 명의로 매각허가결정을 받기로 그 다른 사람과 약정함에 따라 매각허가가 이루어진 경우 그 경매절차에서 매수인의 지위에 서게 되는 사람은 어디까지나 그 명의인이므로 경매 목적 부동산의 소유권은 매수대금을 실질적으로 부담한 사람이 누구인가와 상관없이 그 명의인이 취득한다고 할 것이고, 이 경우 매수대금을 부담한 사람과 이름을 빌려준 사람 사이에는 명의신탁관계가 성립한다(대법원 2005. 4. 29. 선고 2005다664 판결). 이 사건 경매절차에서 선정자 등이 매수자금을 일부 부담하면서 피고 명의로 매각허가결정을 받기로 하는 약정이 있었으므로, 앞서 살펴본 법리에 따라 선정자 등과 피고 사이에 명의신탁관계가 성립되었다고 할 것이다.

부동산 경매절차에서 부동산을 매수하려는 사람이 다른 사람과의 명의신탁약정 아래 그 사람의 명의로 매각허가결정을 받아 자신의 부담으로 매수대금을 완납한 경우, 경매목적 부동산의 소유권은 매수대금의 부담

여부와는 관계없이 그 명의인이 취득하게 되고, 매수대금을 부담한 명의신탁자와 명의를 빌려 준 명의수탁자 사이의 명의신탁약정은 부동산 실권리자명의 등기에 관한 법률 제4조 제1항에 의하여 무효이므로, 명의신탁자는 명의수탁자에 대하여 그 부동산 자체의 반환을 구할 수는 없고 명의수탁자에게 제공한 매수대금에 상당하는 금액의 부당이득반환청구권을 가질 뿐이다(대법원 2009. 9. 10. 선고 2006다73102 판결 등).

명의수탁자가 소유권이전등기를 위하여 지출하여야 할 취득세, 등록세 등을 명의신탁자로부터 제공받았다면, 이러한 자금 역시 위 계약명의신탁약정에 따라 명의수탁자가 당해 부동산의 소유권을 취득하기 위하여 매매대금과 함께 지출된 것이므로, 당해 부동산의 매매대금 상당액 이외에 명의신탁자가 명의수탁자에게 지급한 취득세, 등록세 등의 취득비용도 특별한 사정이 없는 한 위 계약명의신탁약정의 무효로 인하여 명의신탁자가 입은 손해에 포함되어 명의수탁자는 이 역시 명의신탁자에게 부당이득으로 반환하여야 한다(대법원 2010. 10. 14. 선고 2007다90432 판결). 선정자 등과 피고 사이의 명의신탁약정은 부동산 실권리자명의 등기에 관한 법률 제4조 제1항에 따라 무효이므로, 이 사건 토지의 소유권은 피고에게 귀속되고, 피고는 선정자 등으로부터 이 사건 토지의 매수자금과 취득비용으로 지급받은 돈을 부당이득으로서 선정자 C, D 및 E의 채권양수인인 원고(선정당사자)에게 반환할 의무가 있다.

[설명]

부동산경매절차에서 매수자금을 실제로 부담하는 사람이 타인 명의로 입찰하여 매각허가가 이루어진 경우는 타인 명의로 부동산매매계약을 체결하는 계약명의신탁의 경우와 유사하고, 따라서 법원은 이 경우에도 매수대금을 부담한 사람과 이름을 빌려준 사람 사이에 명의신탁관계가 성립한다고 판단해 오고 있다.

다만, 계약명의신탁의 경우에는 매도인이 명의신탁약정 사실을 알고 있던 경우에는 부동산실명법 제4조 제2항에 따라 명의수탁자가 소유권을 취득하지 못하는 반면, 부동산경매절차에서는 그렇지 않다는 점에서 차이가 있다. 즉, 경매절차에서의 소유자가 위와 같은 명의신탁약정 사실을 알고 있었거나 소유자와 명의신탁자가 동일인이라고 하더라도 그러한 사정만으로 그 명의인의 소유권취득이 부동산실명법 제4조 제2항에 따라 무효로 되지 않는다(대법원 2012. 11. 15. 선고 2012다69197 판결). 경매가 사법상 매매의 성질을 보유하고 있기는 하나 다른 한편으로는 법원이 소유자의 의사와 관계없이 그 소유물을 처분하는 공법상 처분으로서의 성질을 아울러 가지고 있고, 소유자는 경매절차에서 매수인의 결정 과정에 아무런 관여를 할 수 없는 점, 경매절차의 안정성 등을 고려할 때 경매부동산의 소유자를 위 제4조 제2항 단서의 '상대방 당사자'라고 볼 수는 없기 때문이다(위 대법원 2012다69197 판결).

결국 부동산경매절차에서 명의신탁약정에 따라 부동산을 명의수탁자

명의로 취득한 경우 경매부동산의 소유자가 선의인지, 악의인지 여부와 무관하게 명의수탁자가 해당 부동산의 소유권을 확정적으로 취득하고, 명의신탁자는 명의수탁자를 상대로 매수대금 상당의 금액과 취득비용에 대하여 부당이득반환청구를 할 수밖에 없다.

8

혼인 중 단독 명의로 취득한 부동산의 매수자금의 출처가 다른 일방 배우자라는 사실로 명의신탁이 인정되는지 여부

(광주지방법원 2021. 11. 4. 선고 2020가합59791, 2021가합54014 판결)

[사건 개요]

원고와 피고는 1995. 11. 17. 혼인하였다가, 2019. 3. 6. 협의이혼 신고를 함.

원고는 혼인 중이던 2014. 7. 7. 이 사건 각 부동산에 관하여 2014. 5. 9. 매매를 원인으로 한 소유권이전등기를 마쳤고, 이혼 후인 2019. 12. 9. C, D에게 이 사건 각 부동산을 매도하여 C, D명의로 소유권이전등기까지 마치고 매매대금(이하 '이 사건 매매대금')을 수령함.

피고는 피고의 어머니 소유 부동산에 대한 수용보상금 중 피고의 상속 지분 상당액으로 받은 돈으로 이 사건 각 부동산을 2억 500만 원에 매수하여 원고에게 이를 명의신탁하기로 하고, 매도인이 원고 앞으로 소유권이 전등기를 하였던 것으로서, 이 사건 매매대금 중 양도소득세 등을 공제한 돈을 원고에게 보관시킨 것이라고 주장함.

이에 원고는 피고를 상대로 원고 주장의 보관금 채무의 부존재확인을 구하는 본소를 제기하고, 피고는 반소로써 보관금 중 일부로 2억 원 및 지연손해금을 청구함.

[법원의 판단]

원고는 피고와 혼인 중 원고 단독 명의로 이 사건 부동산을 취득하여 매매를 원인으로 한 소유권이전등기를 마쳤으므로 원고가 적법하게 매매로 그 소유권을 취득하였다고 추정되고, 피고는 이를 번복하기 위하여 자신이 이 사건 각 부동산을 실질적으로 소유하기 위하여 대가를 부담하였음을 증명하여야 한다. 피고의 주장처럼 이 사건 각 부동산에 대한 매수자금의 상당 부분의 출처가 피고의 어머니 소유 부동산을 매도한 자금이라고 하더라도 그와 같은 사실만으로는 위 추정을 번복하고 피고가 이 사건 각 부동산의 전부 또는 일부를 원고에게 명의신탁한 것이라고 단정할 수는 없다. (본소청구 인용, 반소청구 기각)

[설명]

부동산등기는 적법한 등기원인에 의하여 마쳐진 것으로 추정되므로, 타인에게 명의를 신탁하여 등기하였다고 주장하는 사람이 그 명의신탁 사실에 대한 입증책임을 진다(대법원 2017. 6. 19. 선고 2017다215070 판결).

따라서 부동산의 명의자가 매수자금에 관한 구체적인 내역을 세세히 설명하지 못하고 있다는 사정만으로 그 부동산의 매수자금을 제공받은 것이라고 단정할 수 없다(명의신탁 사례 2. 의정부지방법원 고양지원 2021. 5. 20. 선고 2020가단98018 판결 사례 참조).

나아가 부부의 경우 민법 제830조 제1항에 의하여, 부부의 일방이 혼인 중 단독 명의로 취득한 부동산은 명의자의 특유재산으로 추정되므로, 그 추정을 번복하기 위해서는 다른 일방 배우자가 실제로 당해 부동산의 대가를 부담하여 그 부동산을 자신이 실질적으로 소유하기 위해 취득하였음을 증명하여야 한다. 그리고 법원은 단순히 다른 일방 배우자가 그 매수자금의 출처라는 사정만으로 무조건 특유재산의 추정을 번복하고 당해 부동산에 관하여 명의신탁이 있었다고 볼 것은 아니라고 판단하고 있다(대법원 2013. 10. 31. 선고 2013다49572 판결, 대법원 2008. 9. 25. 선고 2006두8068 판결).

이에 부부 중 일방이 단독 명의로 취득한 부동산의 매수자금의 출처가 명의자의 배우자라는 것이 밝혀진 사례에서도, 명의신탁약정이 있다는 사실을 인정하기에는 부족하다고 본 사례가 적지 않다(명의신탁 사례 3. 부산지방법원 서부지원 2021. 5. 26. 선고 2019가합101972 판결 참조). 대상 사건의 경우 역시 위와 같은 취지에서 피고가 모친으로부터 상속받은 돈이 이 사건 각 부동산의 매수자금의 출처라는 사실이 입증된다고 하더라도, 그것만으로는 명의신탁 사실을 인정하기에 충분하지 않다고 본 것이다.

다만, 당해 부동산의 취득자금의 출처가 명의자가 아닌 다른 일방 배우자인 사실이 밝혀졌다면 일단 그 명의자가 배우자로부터 취득자금을 증여받은 것으로 추정할 수 있으므로(대법원 2008. 9. 25. 선고 2006두8068 판결), 경우에 따라 매수자금의 증여가 사해행위취소의 대상이 될 수도 있고, 재산분할 대상이 되는 배우자 소유의 부동산 취득에 기여한 것으로 보아 재산분할 비율을 정하는 데 있어서 고려될 수도 있을 것이다(이 사건의 경우 원·피고의 이혼 시 재산분할 단계에서 고려되었어야 할 것으로 보이나, 이에 대하여는 알지 못함.).

9

종중과 종중원 등 등기명의인 사이에 명의신탁이 인정되기 위한 판단 기준

(수원고등법원 2021. 10. 29. 선고 2021나16344, 2021나18371 판결)

[사건 개요]

원고는 망 C와 D의 자녀이고, 피고는 망 C와 E의 자녀임.

피고는 1982. 10. 13. 이 사건 부동산에 관하여 1982. 10. 11.자 매매를 원인으로 한 소유권이전등기를 마쳤고, 2020. 7. 13. 주식회사 G에 이 사건 부동산을 10억 7,500만 원에 매도하고 2020. 8. 11. 그 소유권이전등기를 마쳐 줌.

원고는 원고와 피고는 망 C를 중시조로 하는 소문중의 구성원으로, 현재 위 종중의 구성원은 원, 피고 및 누나들을 포함하여 총 5명인데, 이 사건 부동산은 위 종중의 재산으로서, 피고가 이를 매도하고 단독으로 그 매매대금을 취득하였으므로, 피고는 이 사건 부동산에 관한 원고의 지분 1/5에 해당하는 2억 1,500만 원을 지급하여야 한다고 주장함.

이에 대하여 피고는 원고 주장의 종중이 존재하지 않고, 이 사건 부동산은 피고의 모 E가 매수하여 피고에게 증여한 것이라고 주장.

[법원의 판단]

종중과 종중원 등 등기명의인 사이에 어떤 토지에 관한 명의신탁 여부가 다투어지는 사건에 있어서, 일단 그 토지에 관하여 등기명의인 앞으로 등기가 경료될 당시 어느 정도의 유기적 조직을 가진 종중이 존재한 사실이 증명되고, 그다음 그 토지가 종중의 소유로 된 과정이나 내용이 직접 증명된 경우는 물론, 등기명의인과 종중과의 관계, 등기명의인이 여럿이라면 그들 상호 간의 관계, 등기명의인 앞으로 등기가 경료된 경위, 시조를 중심으로 한 종중 분묘의 설치 상태, 분묘 수호와 봉제사의 실태, 그 토지의 규모와 관리 상태, 그 토지에 대한 수익의 수령·지출 관계, 제세공과금의 납부 관계, 등기필증의 소지 관계 등 여러 정황에 미루어 그 토지가 종중 소유라고 볼 수밖에 없는 상당한 자료가 있는 경우라면, 그 토지가 종중의 소유로서 등기명의인 앞으로 명의신탁한 것이라고 인정할 수 있다(대법원 2000. 7. 6. 선고 99다11397 판결 참조).

또한 비법인사단인 종중의 토지에 대한 매도대금은 종중원의 총유에 속하고 매도대금의 분배는 총유물의 처분에 해당하므로, 정관 기타 규약에 달리 정함이 없는 한 종중총회의 분배결의가 없으면 종중원이 직접 분배청구를 할 수 없다(대법원 2006. 3. 9. 선고 2004다25185 판결 참조). (원고가 제출한 증거들만으로는 피고가 이 사건 부동산에 관한 소유권이전등기를 마칠 무렵 원고 주장의 소문중이 실제로 존재하는 단체였는지 인정하기 부족하고, 이 사건 부동산을 처분하여 각 종중원들에게 분배하기로 하는 내용의 종중 결의가 있었다고 인정하기에 부족하다고 보아 원고의 청구를 기각)

[설명]

종중과 부동산 등기명의자 사이에 명의신탁 관계에 있는지에 대하여는 반드시 등기가 경료될 당시 어느 정도 유기적 조직을 가진 종중이 실제 존재하였음이 증명되어야 한다. 이외에도, 법원은 그 토지가 종중의 소유로 된 과정이나 내용이 증명되거나, 또는 여러 정황에 미루어 등기(또는 사정) 이전부터 종중 소유로 인정할 수밖에 없는 많은 간접 자료가 있을 때에 한하여 이를 인정할 수 있다고 본다(대법원 2002. 7. 26. 선고 2001다76731 판결). 법원은 그러한 간접 자료가 될 만한 정황으로 ① 제세공과금의 납부 관계와 등기필증의 소지 관계 외에도, ② 등기와 관련된 사항(등기명의인과 종중과의 관계 및 등기명의인으로의 등기 경료 경위), ③ 해당 토지의 현황 및 사용, 수익관계(종중 분묘 설치 상태 및 분묘 수호와 봉제사의 실태, 토지의 규모와 관리, 토지에 대한 수익이나 보상금의 수령과 지출 관계) 등을 들고 있다(위 ①의 경우는 명의신탁 인정 여부에 있어 공통적으로 중요한 판단 자료로 쓰이고 있다.).

예컨대, 대법원 2000. 7. 6. 선고 99다11397 판결은 해당 부동산에 종중의 공동선조의 후손들의 분묘와 제각이 설치된 사실, 해당 부동산이 1915

년 4월경 종중의 종손 명의로 사정되었던 사실, 1980년 이후부터 재산세와 도시계획세를 종중에서 납부하여 온 사실 등이 원고 종중의 소유라고 볼 수 있는 유력한 간접 자료가 된다고 판단한 바 있다. 대법원 2001. 2. 13. 선고 2000다14361 판결은 등기명의인의 조부 명의로 사정되고 부친 명의로 소유권보존등기된 임야에 관하여 장남이 개인 명의로 등기하지 않고 종원 대표자들과의 공동명의로 등기한 취지는 위 임야가 종중의 소유임을 인정하거나 이를 종중에게 증여하였다고 봄이 우리의 전통적 사고방식에 부합하고, 종원이 임야에 대하여 지출한 개발비를 종중이 종원에게 지급 하여 주고 종중이 임야에 대한 재산세를 납부하기 시작한 후부터는 종원 이 재산세를 납부한 사실이 없으며 종중이 도지를 납부받는데 대하여 아 무런 이의제기가 없었던 사정 등에 비추어 위 임야가 종중 소유로서 종원 에게 명의신탁된 것으로 볼 수 있다고 판단하였다.

다만, 위토(문중의 제사 또는 이와 관련된 일에 필요한 비용을 충당하기 위하여 마련된 토지)위 경우 어느 토지가 특정 묘의 위토로 되는 경위는 그 특정 묘와 관계있는 종중이 그 소유권을 취득하여 위토 설정을 한 경우 와 후손 중의 어느 개인이 개인 소유의 토지를 특정 선조묘의 위토로 설정 하는 경우 등이 있을 수 있으므로, 위토라는 사실만으로는 이를 종중의 소 유로 볼 수 없다(대법원 2006. 7. 28. 선고 2005다33060 판결 등 참조).

제2장

명의신탁의
대내 · 외적 효력

부동산 실권리자명의 등기에 관한 법률 제4조 제1항 및 제2항에 따라, 명의신탁 약정과 그 등기는 모두 무효가 되고, 다만, 계약명의신탁의 경우 매도인이 선의인 경우 명의수탁자가 완전한 소유권을 취득하게 된다. 또한 구분소유자 사이의 상호명의신탁은 명의신탁약정에서 제외되고(제2조, 제1호), 부부간 명의신탁과 종중 명의신탁 등의 경우 조세 포탈, 강제집행 면탈 또는 법령상 제한을 회피할 목적이 아닌 한 금지의 예외가 인정됨에 따라, 그 약정과 등기가 유효하게 된다.

명의신탁 관련 사건에서는 일차적으로는 위와 같은 명의신탁약정과 그 등기의 효력이 어떠한지가 파악되어야 하고, 이를 위해서는 명의신탁 유형의 검토가 선행되게 된다. 나아가 명의신탁자가 명의수탁자를 상대로 한 부당이득반환청구의 대상과 그 범위(경우에 따라 소멸시효와 지연이자 기산일도 쟁점이 된다.), 매도인과 명의신탁자 사이의 매매계약의 효력, 명의신탁 부동산을 처분한 경우 그 처분행위의 효력, 명의신탁 부동산의 수용시 수용보상금 또는 그 공탁금의 귀속 등과 관련한 쟁점이 자주 다루어진다.

10

명의신탁약정해지를 이유로 소유권이전등기청구를 할 수 없다고 본 사례

(광주고등법원(전주) 2021. 5. 20. 선고 2020나12023 판결)

[사건 개요]

피고(원고의 조카)는 2016. 1. 28. A로부터 이 사건 부동산을 매수하고, 2016. 2. 17. 이 사건 부동산에 관하여 소유권이전등기를 마침. 원고와 피고, 피고의 부친 B(원고의 형)는 2016. 2. 12. 이 사건 부동산에 관하여 「이 사건 부동산은 원고와 B가 각 1/2 지분씩 매수한 것이나 그 소유 명의는 피고 명의로 등기하기로 한다(제1조). 피고는 결혼과 동시에 위 부동산에 관한 소유권을 원고와 B에게 각 1/2씩 이전하기로 하고, 원고와 B가 피고의 은행에 대한 대출금채무를 인수하기로 한다(제2조). 위 부동산은 10년 이내에 처분하기로 하고, 위 부동산을 처분한 금액은 원고와 B가 각 1/2씩 배분하기로 한다.」는 내용의 약정서(이하 '이 사건 약정서'라 함.)를 작성하였고, 원고와 B는 피고에게 매수대금을 송금함. 원고는 이 사건 부동산에 관한 명의신탁 약정의 해지 또는 이 사건 약정서상의 약정에 따라 원고에게 이 사건 부동산 중 1/2지분에 관하여 소유권이전등기절차를 이행할 것을 청구함.

[법원의 판단]

이 사건 약정서의 기재 내용은 이를 문언만으로 형식적으로 볼 때 원고와 피고 사이에 이 사건 부동산에 관한 명의신탁약정(계약명의신탁약정)이 체결되었다고 볼 여지가 있기는 하다(대법원 2005. 4. 29. 선고 2005다664 판결 등 참조).

그러나 원고의 주장과 같이 원고와 피고 사이에 이 사건 약정서 기재와 같은 명의신탁약정이 있었다고 하더라도, 그러한 약정은 부동산 실권리자 명의 등기에 관한 법률 제4조 제1항에 따라 무효이므로, 원고는 피고에게 이 사건 부동산 중 각 1/2 지분에 관하여 위 명의신탁약정이나 명의신탁약정 해지에 따른 소유권이전등기청구를 할 수 없다. (원고 청구 기각)

[설명]

부동산을 매수하려는 사람이 다른 사람의 명의로 매수하기로 그 다른 사람과 약정하고, 매매계약이 체결된 경우 매매계약에서 매수인의 지위에 서게 되는 사람은 어디까지나 그 명의인이므로, 그 부동산의 소유권은 매수대금을 실질적으로 부담한 사람이 누구인가와 상관없이 그 명의인이 취득하고, 이 경우 매수대금을 부담한 사람과 이름을 빌려준 사람 사이에는 명의신탁관계가 성립하는 것으로 볼 수 있다(대법원 2008. 11. 27. 선고 2008다62687 판결 등 참조). 대상사건의 경우 이 사건 부동산의 매수대금을 원고와 B가 부담하였고, 이 사건 약정서의 내용으로 볼 때, 원고와 B, 피고 사이에는 명의신탁약정이 있었다고 볼 수 있는 것은 사실이다.

그러나 부동산 실권리자명의 등기에 관한 법률(이하 '부동산실명법'이라고 한다.) 제4조 제1항, 제2항에 의하면, 명의신탁자와 명의수탁자가 이른바 계약명의신탁약정을 맺고 명의수탁자가 당사자가 되어 명의신탁약정이 있다는 사실을 알지 못하는 소유자와의 사이에 부동산에 관한 매매계약을 체결한 후 매매계약에 따라 당해 부동산의 소유권이전등기를 수탁자 명의로 마친 경우에는 명의신탁자와 명의수탁자 사이의 명의신탁약정의 무효에도 불구하고 명의수탁자는 당해 부동산의 완전한 소유권을 취득하게 되고, 다만 명의수탁자는 명의신탁자에 대하여 부당이득반환의무를 부담하게 될 뿐이다. 그런데 계약명의신탁약정이 부동산실명법 시행 후에 이루어진 경우에는 명의신탁자는 애초부터 당해 부동산의 소유권을 취득할 수 없었으므로, 위 명의신탁약정의 무효로 명의신탁자가 입은 손해는 당해 부동산 자체가 아니라 명의수탁자에게 제공한 매수자금이고, 따라서 명의수탁자는 당해 부동산 자체가 아니라 명의신탁자로부터 제공받은 매수자금만을 부당이득한다(대법원 2014. 8. 20. 선고 2014다30483 판결).

또한 명의신탁자가 이른바 내부적 소유권을 가지는 것을 전제로 하여 장차 명의신탁자 앞으로 목적 부동산에 관한 소유권등기를 이전하거나 부동산의 처분대가를 명의신탁자에게 지급하는 것 등을 내용으로 하는 약정을 하였다면 이는 명의신탁약정을 무효라고 정하는 부동산실명법 제4조

제1항에 좇아 무효이다(대법원 2014. 8. 20. 선고 2014다30483 판결).

따라서 이 사건의 경우 원고 주장의 명의신탁약정이나 이 사건 약정서상의 약정 사실을 모두 인정하더라도, 원고는 피고를 상대로 매수대금 상당의 부당이득반환청구를 할 수 있을 뿐 이 사건 부동산의 소유지분을 이전할 것을 청구할 수는 없는 것이다.

11

명의수탁자가 명의신탁자의 요구에 따라 명의신탁자가 지정하는 자에게 명의신탁 재산의 소유 명의를 이전하기로 한 약정의 효력

(의정부지방법원 2021. 5. 7. 선고 2020가단119523, 2021가단108513 판결)

[사건 개요]

이 사건 토지의 소유자인 C는 2015. 2. 10. D에게 이 사건 토지를 매도하고, 2015. 3. 25. D 앞으로 소유권이전등기를 마쳐 줌.

G는 D와 이 사건 토지에 관한 명의신탁약정을 한 후 C로부터 이 사건 토지를 매수하고 D 명의로 소유권이전등기를 한 것인데, 당시 피고와 사이에 피고가 매매대금의 50%를 부담하면, 추후 피고에게 이 사건 토지 중 1/2 지분에 관한 소유권을 이정하기로 약정하였고, 실제로 피고는 매매대금의 50%를 부담함.

그리고 명의수탁자인 D는 명의신탁자인 G에게 G가 지정하는 자에게 언제든지 이 사건 토지의 소유권을 이전하여 주겠다고 약정함(이하 '이 사건 약정'). 이후 G는 이 사건 토지 중 1/2 지분을 이전받을 자로 피고를 지정하였고, D는 2015. 5. 7. 피고 및 E 앞으로 이 사건 토지 중 1/2 지분에 관하여 2015. 5. 6. 매매계약을 원인으로 한 소유권이전청구권가등기(이하 '이 사건 가등기')를 마쳐 줌.

한편, F는 자신의 딸인 원고와 이 사건 토지에 관하여 명의신탁약정을 하고, 2020. 5. 1. 그 명의신탁약정 사실을 알고 있는 위 D와 사이에 원고 명의로 이 사건 토지를 1억 7천만 원에 매수하는 내용의 매매계약서를 작성하고, 2020. 5. 27. 원고 앞으로 2020. 5. 1. 매매를 원인으로 한 소유권 이전등기를 마침.

원고는 피고 명의의 이 사건 가등기의 말소등기절차의 이행을 구하고(본소), 피고는 이 사건 약정에 따른 D의 채권자로서 원고 명의 등기는 명의신탁약정에 따른 것으로 무효임을 이유로 D를 대위하여 원고를 상대로 이 사건 토지에 관한 소유권이전등기의 말소를 구함(반소).

[법원의 판단]

부동산 실권리자명의 등기에 관한 법률(이하 '부동산실명법'이라 한다.) 시행 이후 부동산을 매수하면서 매수대금의 실질적 부담자와 명의인 간에 명의신탁관계가 성립한 경우, 그들 사이에 매수대금의 실질적 부담자의 요구에 따라 부동산의 소유 명의를 이전하기로 하는 등의 약정을 하였다고 하더라도, 이는 부동산실명법에 의하여 무효인 명의신탁약정을 전제로 명의신탁 부동산 자체 또는 처분대금의 반환을 구하는 범주에 속하는 것이어서 역시 무효라고 보아야 한다(대법원 2015. 9. 10. 선고 2013다55300 판결 참조). 피고가 주장하는 이 사건 약정은 2013다55300 판결의 법리에 비추어 새로운 약정의 형식을 통해 무효인 명의신탁 약정이 유효함을 전제로 명의신탁 부동산 자체의 반환을 약속한 것으로 무효이다. 따라서 피고가 채권자대위권 행사의 피보전채권으로 내세우는 피고의 D에 대한 이 사건 토지 중 1/2 지분에 관한 소유권이전등기청구권이 인정되지 않으므로, 이 사건 반소는 D의 원고에 대한 권리를 행사할 당사자적격이 없는 피고가 제기한 것으로서 부적법하다. (반소 각하)

명의신탁약정에 따른 등기로 이루어진 부동산에 관한 물권변동은 무효이므로(부동산실명법 제4조 제2항), 원고와 F 사이의 명의신탁약정이 계약명의신탁이든 3자간 명의신탁에 해당하는지를 불문하고 이 사건 토지에 관하여 원고 앞으로 마쳐진 소유권이전등기는 무효인 바, 원고는 이 사건 토지의 소유자에 해당하지 않으므로, 원고의 주장은 이유 없다. (본소 청구 기각)

[설명]

무효인 약정에 기하여 급부의 이행을 청구하는 것은 허용되지 않고, 이행을 구하는 급부의 내용을 새로운 약정의 형식을 통해 정리하거나 일부를 가감하였다 하더라도 무효인 약정이 유효함을 전제로 한 이상 그 급부의 이행청구가 허용되지 않음은 마찬가지이다(대법원 2011. 1. 13. 선고 2010다67890 판결 등). 이는 무효인 명의신탁약정이 유효함을 전제로 한

다른 약정의 경우도 마찬가지다. 즉, 명의신탁약정은 부동산 실권리자명의 등기에 관한 법률 제4조 제1항에 의하여 무효이고, 나아가 그 명의신탁약정이 유효함을 전제로 명의신탁 부동산 자체 또는 그 처분대금의 반환을 약정하는 것도 무효이다(매매대금을 부당이득으로 청구하는 것은 별론). 또한 명의신탁자와 명의수탁자가 무효인 명의신탁약정을 함과 아울러 그 약정을 전제로 하여 이에 기한 명의신탁자의 명의수탁자에 대한 소유권이전등기청구권을 확보하기 위하여 명의신탁 부동산에 명의신탁자 명의의 가등기를 마치고 향후 명의신탁자가 요구하는 경우 본등기를 마쳐주기로 약정하였더라도, 이러한 약정 또한 부동산실명법에 의하여 무효인 명의신탁약정을 전제로 한 것이어서 무효이고, 위 약정에 의하여 마쳐진 가등기는 원인무효이다(대법원 2015. 2. 26. 선고 2014다63315 판결). 대상사안에서 피고의 이 사건 가등기 역시 명의수탁자인 D와 명의신탁자인 G 사이의 무효인 명의신탁약정을 전제로 한 이 사건 약정에 기한 것이어서 무효이다. 이 사건 약정 역시 D와 G 사이의 명의신탁약정을 전제로 한 것이므로 무효이고, 따라서 피고는 이 사건 약정상의 채무자인 D를 대위할 피보전채권이 없으므로, D를 대위하여 채권자대위권을 행사할 수 없다고 판단된 것이다.

한편, 이 사건 가등기말소를 청구하는 원고 역시 무효인 명의신탁약정에 기한 소유권이전등기를 한 경우로서 소유자가 아니기 때문에, 그 말소청구가 기각되었다. 매도인 D가 F와 원고 사이의 명의신탁약정 사실을 알지 못하였다면, 원고가 소유권을 완전히 취득하므로, 이 사건 가등기의 말소청구가 가능했을 것이나, D가 악의였기 때문에, 위와 같은 결론에 도

달하게 된 것이다. 또한 대상사건의 경우 이 사건 부동산에 관한 D와의 2020. 5. 1. 매매계약의 당사자를 F로 볼 여지도 있는데(D가 F와 원고 사이의 명의신탁약정 사실을 알았으므로, 위와 같이 볼 여지가 있음.), 이처럼 3자간 등기명의신탁으로 볼 경우 D와 F 사이의 매매계약은 유효하나, 매수인은 F이지 원고가 아니므로, 원고로서는 매도인 D를 대위하여 이 사건 가등기의 말소를 청구할 수 없다(명의신탁 사례 14번 대전지방법원 서산지원 2021. 10. 27. 선고 2021가단50579 판결 참조). 즉, 매도인 D가 악의라면, 계약명의신탁으로 보든 3자간 등기명의신탁으로 보든 원고로서는 이 사건 가등기의 말소를 구할 수 없다.

12

명의신탁된 종중 소유 부동산을 수탁자가 증여한 경우 증여계약의 효력

(서울북부지방법원 2021. 5. 21. 선고 2020가단145390 판결)

[사건 개요]

이 사건 토지는 1986. 12. 26. 피고 외 4명을 공유자(지분 각 1/5)로 하는 소유권이전등기가 경료됨. 피고는 2019. 1. 18. 원고에게 이 사건 토지 중 자신의 1/5 지분을 증여(이하 '이 사건 증여')하였으나, 피고가 이 사건 증여에 따른 소유지분을 이전해 주지 않자, 원고는 피고를 상대로 1/5 지분에 관하여 이 사건 증여를 원인으로 한 소유권이전등기절차를 이행할 것을 구하는 소를 제기함. 피고는 이 사건 토지는 실제 H종중의 소유인데 자신은 이 사건 토지 중 1/5 지분에 관하여 명의수탁자에 불과하여 원고의 청구에 응할 수 없다고 다툼.

[법원의 판단]

종중의 명의신탁은 법률상 유효하고, 그 명의수탁자가 명의신탁된 부동산을 제3자에게 처분하는 경우 제3자는 명의신탁 사실을 알고 있었다 하더라도 그 소유권을 유효하게 취득할 수 있는 것이므로, 이 사건 토지가 피고의 주장과 같이 종중의 명의신탁재산에 해당한다 할지라도 이 사건 증여가 무효로 되지 않는다(원고 청구 인용).

[설명]

종중(宗中)이 보유한 부동산에 관한 물권을 종중 외의 자의 명의로 등기한 경우는 명의신탁에 해당하더라도 그것이 조세 포탈, 강제집행의 면탈 또는 법령상 제한의 회피를 목적으로 하지 아니하는 한 유효한 것으로 본다(부동산 실권리자명의 등기에 관한 법률 제8조). 그리고 이와 같이 명의신탁이 유효한 경우에도 일반적으로 명의수탁자는 신탁재산을 유효하게 제3자에게 처분할 수 있고 제3자가 명의신탁사실을 알았다 하여도 그의 소유권취득에 영향이 없다(대법원 1992. 6. 9. 선고 91다29842 판결 등). 명의신탁이 유효한 경우에도 외부적으로는 수탁자만이 소유자로서 유효하게 권리를 행사할 수 있기 때문이다(대법원 1991. 4. 23. 선고 91다6221 판결 등). 대상사안의 경우에도, 이와 같은 판례의 법리에 따라 명의신탁된 부동산에 관한 증여계약을 유효한 것으로 판단한 것이다.

다만, 법원은 특별한 사정이 있는 경우, 즉 명의수탁자로부터 신탁재산을 매수한 제3자가 명의수탁자의 명의신탁자에 대한 배신행위에 적극 가담한 경우에는 명의수탁자와 제3자 사이의 계약은 반사회적인 법률행위로서 무효라고 할 것이고, 따라서 명의수탁받은 부동산에 관한 명의수탁자와 제3자 사이의 매매계약, 담보권설정계약 등은 무효라고 판단하고 있다(대법원 1992. 6. 9. 선고 91다29842 판결, 대법원 2008. 3. 27. 선고 2007다82875 판결 등). 따라서 위 대상판결 사안의 경우에도 수증자인 원고가 명의수탁자에게 명의신탁된 재산임을 알면서도 자신에게 증여할 것을 적극적으로 요청하거나 유도하는 등의 행위를 한 사실이 인정되는 경우라면, 증여계약을 무효로 볼 수 있을 것이다.

13

명의신탁자인 종중이 명의신탁 부동산에 대한 강제경매와 관련하여 제3자 이의의 소를 제기할 수 있는지

(광주지방법원 2021. 10. 29. 선고 2020가단525932 판결)

[사건 개요]

이 사건 부동산에 관하여 1981. 7. 30. E, C 명의로 각 1/2 지분씩의 지분소유권이전등기가 경료됨.

피고는 C에 대한 광주지방법원 2015가단4653 구상금 사건의 집행력 있는 판결정본에 기하여, 2020. 3. 19. 이 사건 부동산 중 C의 지분에 대하여 강제경매 개시결정을 받았고, 같은 날 그 기입등기가 마쳐짐(이하 '이 사건 강제집행').

원고(종중)는 이 사건 부동산은 원고의 소유이나 이 사건 부동산이 농지인 관계로 부득이 원고의 종원인 E와 C에게 명의신탁하여 둔 것이고, 따라서 이 사건 강제집행은 C가 아닌 원고 소유 부동산에 관하여 이루어진 것으로서 부당하여 불허되어야 한다는 취지로 제3자 이의의 소를 제기함.

[법원의 판단]

민사집행법 제48조의 강제집행에 대한 제3자 이의의 소는 이미 개시된 집행의 목적물에 대하여 소유권 기타 목적물의 양도나 인도를 막을 수 있는 권리가 있다고 주장함으로써 그에 대한 집행의 배제를 구하는 것이니 만큼 그 소의 원인이 되는 권리는 집행채권자에 대항할 수 있는 것이어야 한다.

그런데 부동산 실권리자명의 등기에 관한 법률 제8조 제1호에 의하면 종중이 보유한 부동산에 관한 물권을 종중 이외의 자의 명의로 등기하는 명의신탁의 경우 조세포탈, 강제집행의 면탈 또는 법령상 제한의 회피를 목적으로 하지 아니하는 경우에는 같은 법 제4조 내지 제7조 및 제12조 제1항·제2항의 규정의 적용이 배제되어 종중이 같은 법 시행 전에 명의신탁한 부동산에 관하여 같은 법 제11조의 유예기간 이내에 실명등기 또는 매각처분을 하지 아니한 경우에도 그 명의신탁 약정은 여전히 그 효력을 유지하는 것이지만, 부동산을 명의신탁한 경우에는 소유권이 대외적으로 수탁자에게 귀속하므로 명의신탁자는 신탁을 이유로 제3자에 대하여 그 소유권을 주장할 수 없고, 특별한 사정이 없는 한 신탁자가 수탁자에 대해 가지는 명의신탁해지를 원인으로 한 소유권이전등기청구권은 집행채권자에게 대항할 수 있는 권리가 될 수 없으므로, 결국 명의신탁자인 종중은 명의신탁된 부동산에 관하여 제3자 이의의 소의 원인이 되는 권리를 가지고 있지 않다고 할 것이다. (원고 청구 기각)

[설명]

제3자가 강제집행의 목적물에 대하여 소유권이 있다고 주장하거나 목적물의 양도나 인도를 막을 수 있는 권리가 있다고 주장하는 때에는 채권자를 상대로 그 강제집행에 대한 이의의 소를 제기할 수 있다(민사집행법 제48조). 그리고 제3자 이의의 소의 이의원인은 소유권에 한정되는 것이 아니고 집행목적물의 양도나 인도를 막을 수 있는 권리이면 족하므로, 집행목적물이 집행채무자의 소유에 속하지 아니한 경우에는 집행채무자와의 계약관계에 의거하여 집행채무자에 대하여 목적물의 반환을 구할 수 있는 채권적 청구권을 가지고 있는 제3자도 집행에 의한 양도나 인도를 막을 이익이 있으므로 그 채권적 청구권도 제3자 이의의 소의 이의원인이 될 수 있다(대법원 2013. 3. 28. 선고 2012다112381 판결 등).

다만, 이러한 제3자 이의의 소는 강제집행의 목적물에 대한 집행의 배제를 구하는 것이므로 그 소의 원인이 되는 권리는 집행채권자에게 대항할 수 있는 것이어야 한다(대법원 2007. 5. 10. 선고 2007다7409 판결, 대법원 2013. 3. 14. 선고 2012다107068 판결 등). 종중 명의신탁의 경우 부동산 실권리자명의 등기에 관한 법률(이하 '부동산실명법') 제8조 제1호에 따라 유효하지만, 이 경우에도 명의신탁 부동산의 소유권은 대외적으로는 수탁자에게 귀속하게 된다. 그리고 명의신탁자인 종중은 명의신탁 계약에 의한 신탁자의 지위에서 명의신탁을 해지하고 그 소유권이전등기를 청구할 수 있을 뿐이며, 종중이 명의신탁 계약을 해지하였더라도 그 명의로 소유권이전등기를 경료하지 않은 이상 그 소유권을 취득할 수는 없다(대법원

1995. 8. 25. 선고 94다20426, 20433 판결 등).

결국 종중은 대외적으로는 명의신탁 부동산의 소유권자도 아니고, 명의신탁을 해지한다고 하더라도, 명의수탁자에 대한 소유권이전등기청구권만을 가질 뿐으로서 이는 집행채권자에게 대항할 수 있는 권리가 되지 못하므로, 명의신탁자인 종중이 수탁자의 집행채권자를 상대로 한 제3자 이의는 기각될 수밖에 없다.

한편, 종중의 경우처럼 명의신탁이 유효한 경우가 아닌 무효인 경우에도 명의신탁자는 명의신탁 부동산에 대한 집행채권자를 상대로 제3자 이의의 소를 제기하더라도 인용되기 어렵다. 부동산실명법 제4조 제3항에 의하면 명의신탁약정 및 이에 따른 등기로 이루어진 부동산에 관한 물권변동의 무효는 제3자에게 대항하지 못하는데, 여기서 '제3자'는 명의신탁약정의 당사자 및 포괄승계인 이외의 자로 명의수탁자가 물권자임을 기초로 그와 사이에 직접 새로운 이해관계를 맺은 사람으로서 소유권이나 저당권 등 물권을 취득한 자뿐만 아니라 압류 또는 가압류채권자도 포함하고 그의 선의·악의를 묻지 않기 때문이다(대법원 2013. 3. 14. 선고 2012다107068 판결 등).

14

3자간 등기명의신탁에서 명의신탁자가 증여자를 대위하여 명의수탁자를 상대로 소유권이전등기 말소청구를 할 수 있는지

(대전지방법원 서산지원 2021. 10. 27. 선고 2021가단50579 판결)

[사건 개요]

원고의 누나인 F는 2005. 4. 경 원고에게 이 사건 부동산을 증여하였는데, 당시 원고는 자신의 배우자의 친구인 피고와 사이에 이 사건 부동산에 관하여 명의신탁약정을 하였음.

증여자인 F는 2005. 5. 30. 원고의 부탁에 따라 이 사건 부동산에 관하여 명의수탁자인 피고와 사이에 매매계약서를 작성하고 피고 앞으로 매매를 원인으로 한 소유권이전등기를 마쳐 주었음.

F가 사망하고, 상속인으로는 자녀인 C, D, E가 있음.

원고는 C, D, E를 대위하여 피고를 상대로 이 사건 부동산에 관한 소유권이전등기의 말소를 구함.

[법원의 판단]

명의신탁약정이 3자간 등기명의신탁인지 아니면 계약명의신탁인지의 구별은 계약당사자가 누구인가를 확정하는 문제로 귀결되는 바, 계약명의자가 명의수탁자로 되어 있다 하더라도 계약당사자를 명의신탁자로 볼 수 있다면 이는 3자간 등기명의신탁이 된다. 따라서 계약명의자인 명의수탁자가 아니라 명의신탁자에게 계약에 따른 법률 효과를 직접 귀속시킬 의도로 계약을 체결한 사정이 인정된다면 명의신탁자가 계약당사자이므로, 이 경우의 명의신탁관계는 3자간 등기명의신탁으로 보아야 한다(대법원 2010. 10. 28. 선고 2010다52799 등 판결). (이 사건의 경우 3자간 등기명의신탁에 해당한다고 판단)

3자간 등기명의신탁에서 명의신탁 부동산에 관한 명의수탁자의 소유권이전등기는 무효이고 소유권은 매도인에게 있다. 3자간 등기명의신탁의 경우 매도인과 명의신탁자 사이의 매매계약은 유효하므로 명의신탁자는 매도인에게 매매계약에 기초한 소유권이전등기를 청구할 수 있고, 소유권이전등기청구권을 보전하기 위하여 매도인을 대위하여 무효인 명의수탁자 명의의 소유권이전등기의 말소를 청구할 수 있다 할 것인 바(대법원 2019. 7. 25. 선고 2019다203811, 203822 판결 등), 이는 명의신탁자와 부동산 소유자 사이에 매매계약이 아닌 증여계약이 체결된 경우에도 마찬가지이다. (피고는 원고의 망 F의 상속인들에 대한 증여계약에 따른 소유권이전등기청구권을 보전하기 위한 대위 청구에 따라 망 F의 상속인들인 C, D, E에게 이 사건 부동산에 관한 소유권이전등기의 말소등기절차를 이행할 의무가 있음.)

[설명]

부동산 실권리자명의 등기에 관한 법률에 의하면 명의신탁약정은 무효이고, 명의신탁약정에 따른 등기로 이루어진 부동산에 관한 물권변동도 무효이다(법 제4조 제1항, 제2항). 따라서 3자간 등기명의신탁에서 명의신탁 부동산에 관한 명의수탁자의 소유권이전등기는 무효이고 소유권은 매도인에게 있다(대법원 2019. 7. 25. 선고 2019다203811, 203828 판결).

나아가 매도인과 매수인과 사이의 매매계약의 효력을 살펴보면, 대법원은 3자간 등기명의신탁인 경우와 계약명의신탁의 경우를 달리 보고 있다. 먼저 3자간 등기명의신탁인 경우에는 명의신탁자가 매수인인 반면, 계약명의신탁의 경우는 명의수탁자가 매수인이다. 대법원은 3자간 등기명의신탁의 경우 매도인과 명의신탁자 사이의 매매계약의 효력을 부정하는 규정을 두고 있지 아니하여 유효하다고 보지만(대법원 2002. 3. 15. 선고 2001다61654 판결, 2019. 7. 25. 선고 2019다203811, 203828 판결), 계약명의신탁의 경우 매도인이 명의신탁약정 사실을 알고 있었던 때(즉, 악의)에는 매도인과 명의수탁자가 체결한 매매계약도 원시적으로 무효라고 판단하고 있다(대법원 2016. 6. 28. 선고 2014두6456 판결). (계약명의신탁에서 매도인이 악의인 경우의 사례는 명의신탁 사례 15번 서울고등법원 2021. 7. 1. 선고 2020나2036503 판결 참조)

대상사건에서도, 피고와 증여자인 F 사이에는 실제 매매계약이 있었던 것이 아니라, 실제로는 F가 원고에게 증여하면서, 원고의 요청에 따라 소유권이전등기만 피고 명의로 마친 것이므로, 3자간 등기명의신탁에 해당하고, 이 경우 원고와 F 사이의 증여계약이 유효한 것으로 판단한 것이다. 그리고 채권자는 자기의 채무자에 대한 부동산의 소유권이전등기청구권 등 특정 채권을 보전하기 위하여 채무자가 방치하고 있는 그 부동산에 관한 특정 권리를 대위하여 행사할 수 있고 그 경우에는 채무자의 무자력을 요건으로 하지 아니하는 것(대법원 1992. 10. 27. 선고 91다483 판결)이므로, 원고는 증여계약에 따른 소유권이전등기청구권을 피보전채권으로 하여 F의 상속인들을 대위하여 피고에게 소유권이전등기의 말소를 청구할 수 있는 것이다.

15

매도인이 계약명의신탁약정 사실을 알고 매매계약을 체결한 경우 매매계약의 효력

(서울고등법원 2021. 7. 1. 선고 2020나2036503 판결)

[사건 개요]

피고는 신재생에너지 발전사업 등을 목적으로 설립된 회사인 B의 미등기 임원의 딸로, 원고와 사이에 2019. 5. 1. 원고 소유의 이 사건 부동산을 매매대금 602,100,000원에 매수하기로 하는 매매계약을 체결하면서, 계약 당일 계약금 60,210,000원을 지급하고, 잔금 541,890,000원은 2019. 11. 1. 지급하기로 약정함.

이후 2019. 9. 1. 위 잔금 중 241,890,000원은 2019. 11. 5. 지급하고, 나머지 3억 원은 2020. 2. 28. 지급하는 것으로 잔금 지급기일을 변경하는 내용의 매매계약서가 다시 작성됨.

원고는 B로부터 2019. 5. 2. 계약금 60,318,000원, 2019. 11. 5. 잔금 241,890,000원을 각 지급받았고, B(1심 공동피고)와 피고를 상대로 미지급받은 잔금 3억 원의 지급을 요구하는 소를 제기함.

[법원의 판단]

어떤 사람이 타인을 통하여 부동산을 매수함에 있어 매수인 명의 및 소유권이전등기 명의를 타인 명의로 하기로 한 경우에, 이와 같은 매수인 및 등기 명의의 신탁관계는 그들 사이의 내부적인 관계에 불과하므로, 상대방이 명의신탁자를 매매당사자로 이해하였다는 등의 특별한 사정이 없는 한 대외적으로는 계약명의자인 타인을 매매당사자로 보아야 하며, 설령 상대방이 그 명의신탁관계를 알고 있었다 하더라도 상대방이 계약명의자인 타인이 아니라 명의신탁자에게 계약에 따른 법률효과를 직접 귀속시킬 의도로 계약을 체결하였다는 등의 특별한 사정이 인정되지 아니하는 한 마찬가지라 할 것이다(대법원 2016. 7. 22. 선고 2016다207928 판결 등). 원고는 피고와 B 사이의 명의신탁관계를 알고 있었다고 인정되나, 이러한 사정만으로는 원고가 계약명의자인 피고가 아니라 B에게 매매계약에 따른 법률효과를 직접 귀속시킬 의도로 이 사건 매매계약을 체결하였다고 보기에 부족하고, 달리 이를 인정할 자료가 없다. 따라서 이 사건 매매계약의 당사자는 원고와 계약명의자인 피고로 봄이 타당하고, 피고와 B 사이의 명의신탁약정은 계약명의신탁에 해당한다.

명의신탁자와 명의수탁자가 이른바 계약명의신탁 약정을 맺고 매매계약을 체결한 소유자도 명의신탁자와 명의수탁자 사이의 명의신탁약정을 알고 있는 경우, 그 약정 및 명의수탁자 명의의 소유권이전등기는 부동산실명법 제4조의 규정에 따라 무효이고, 매도인과 명의수탁자가 체결한 매매계약도 원시적으로 무효이다. 위 법리에 비추어 보건대, 피고와 B가 이른바 계약명의신탁 약정을 맺었고 원고가 이 사건 매매계약 체결 당시 이러한 사실을 알고 있었음은 앞서 본 바와 같으므로 이 사건 매매계약은 원시적으로 무효이다. (원고 항소 기각)

[설명]

대상사건은 태양광발전사업을 하는 회사인 B가 태양광발전사업을 운영하기 위한 목적으로 이 사건 부동산을 원고로부터 매수하면서 미등기임원의 딸인 피고 명의로 매매계약을 체결한 경우이다. 법원은 매매계약 당사자는 특별한 사정이 없는 한 명의수탁자인 피고로 보아야 하고, 매매계약 체결 경위나 매매대금 지급을 B가 한 점, 원고가 피고와 B를 공동피고로 하여 소를 제기한 점 등 제반 사정을 고려할 때, 매매계약 당사자는 B가 아닌 피고이고, 매도인인 원고가 B와 피고 사이의 명의신탁약정사실을 알았다고 판단하였다.

나아가 대상사건의 경우 매도인인 원고가 명의수탁자인 피고를 상대로 매매계약이 유효임을 전제로 매매대금 청구를 하는 사건인데, 계약명의신탁 사례에서 매도인이 악의인 경우 매도인과 명의수탁자 사이의 매매계약의 효력이 유효한지가 쟁점이다. 부동산실명법 제4조 제1항은 명의신탁약정을 무효로 하고 있고, 같은 조 제2항은 명의신탁약정에 따른 등기로 이루어진 부동산에 관한 물권변동을 무효로 하고 있을 뿐, 계약명의신탁에서 매도인이 명의신탁약정 사실을 알았던 경우 매도인과 명의수탁자 사이의 매매계약의 효력에 대하여는 따로 규정하고 있지는 않다. 그러나 법원은 이러한 경우 매도인과 명의수탁자가 체결한 매매계약도 원시적으로 무효하고 일관되게 판단해 오고 있다(대법원 2016. 6. 28. 선고 2014두6456 판결 등). 따라서 명의수탁자는 매도인을 상대로 소유권이전등기청구를 할 수 없고, 매도인 역시 매매계약에 기하여 매매대금 청구를 할 수 없는 것이다.

16

명의신탁자의 명의수탁자에 대한 부당이득반환청구권이 시효완성으로 소멸되었다고 본 사례

(수원지방법원 성남지원 2021. 5. 6. 선고 2020가합400904 판결)

[사건 개요]

원고들과 피고는 이 사건 부동산을 1987. 7. 경 3,300만 원에 매수하면서, 각자 1,100만 원씩 부담하였고, 1988. 2. 22. 피고 명의로 소유권이전등기를 마쳤음.

이후 이 사건 부동산 중 일부가 도로로 편입되어 광주시로부터 보상금이 지급되었고, 원고들은 피고를 상대로 부동산실명법 시행 후 유예기간 경과로 명의신탁약정이 무효로 되더라도, 피고는 원고들에게 부당이득반환의무를 부담하므로, 보상금으로 수령한 돈 중 각 1/3씩을 원고들에게 지급할 것과 나머지 부동산 중 각 1/3 지분에 관하여 원고들에게 소유권이전을 할 것을 요구함.

[법원의 판단]

부동산실명법 시행 전에 명의수탁자가 명의신탁 약정에 따라 부동산에 관한 소유명의를 취득한 경우 위 법률의 시행 후 같은 법 제11조 소정의 유예기간이 경과하기 전까지는 명의신탁자는 언제라도 명의신탁 약정을 해지하고 당해 부동산에 관한 소유권을 취득할 수 있었던 것이므로, 실명화 등의 조치 없이 위 유예기간이 경과함으로써 같은 법 제12조 제1항, 제4조에 의해 명의신탁 약정은 무효로 되는 한편, 명의수탁자가 당해 부동산에 관한 완전한 소유권을 취득하게 된다. 그런데, 부동산실명법 제3조 및 제4조가 명의신탁자에게 소유권이 귀속되는 것을 막는 취지의 규정은 아니므로 명의수탁자는 명의신탁자에게 자신이 취득한 당해 부동산을 부당이득으로 반환할 의무가 있고(대법원 2008. 11. 27. 선고 2008다62687 판결 등 참조), 이와 같은 경위로 명의신탁자가 해당 부동산의 회복을 위해 명의수탁자에 대해 가지는 소유권이전등기청구권은 그 성질상 법률의 규정에 의한 부당이득반환청구권으로서 민법 제162조 제1항에 따라 10년의 기간이 경과함으로써 시효로 소멸한다(대법원 2009. 7. 9. 선고 2009다23313 판결 참조). 이 사건 부동산에 관한 피고 명의의 소유권이전등기가 마쳐진 이후 1995. 7. 1. 부동산실명법이 시행되고 그 유예기간이 경과함에 따라 피고는 1996. 7. 1.부터 위 부동산에 관한 소유권을 취득하게 되었고, 원고들이 피고에 대하여 가지는 부당이득반환청구권은 특별한 사정이 없는 한 1996. 7.부터 10년이 경과하여 이 사건 소 제기 당시에는 이미 소멸시효가 완성되었다고 할 것임. (원고 청구 기각)

[설명]

명의신탁약정이 무효로 됨에 따라 명의신탁자가 명의수탁자에 대하여 가지는 부당이득반환청구권 역시 채권이므로, 민법 제162조 제1항에 따라 10년의 소멸시효가 적용된다. 이는 명의신탁자가 해당 부동산의 회복을 위해 명의수탁자에 대해 가지는 소유권이전등기청구권의 경우도 마찬가지이다.

법원은 더 나아가 명의신탁 부동산에 대한 부당이득반환청구권의 경우, 무효로 된 명의신탁 약정에 기하여 처음부터 명의신탁자가 그 부동산의 점유 및 사용 등 권리를 행사하고 있다 하여 위 부당이득반환청구권 자체의 실질적 행사가 있다고 볼 수 없을 뿐만 아니라, 명의신탁자가 그 부동산을 점유·사용하여 온 경우에는 명의신탁자의 명의수탁자에 대한 부당이득반환청구권에 기한 등기청구권의 소멸시효가 진행되지 않는다고 보아야 한다면, 이는 명의신탁자가 부동산 실권리자명의 등기에 관한 법률의 유예기간 및 시효기간 경과 후 여전히 실명전환을 하지 않아 위 법률을 위반한 경우임에도 그 권리를 보호하여 주는 결과로 되어 부동산 거래의 실정 및 부동산 실권리자명의 등기에 관한 법률 등 관련 법률의 취지에도 맞지 않는다(대법원 2009. 7. 9. 선고 2009다23313 판결)고 판단하였다. 설령 명의신탁자가 명의신탁 부동산을 점유, 사용하고 있는 등 권리행사를 하고 있다고 하더라도, 소유권이전등기청구권의 소멸시효가 진행된다는 것이다.

법원이 매수인이 부동산을 인도받아 점유하고 있는 경우에는 소유권이 전등기청구권 자체를 행사한 것은 아님에도, 시효제도의 존재이유에 비추어 보아 그 매수인을 권리 위에 잠자는 것으로 볼 수도 없고, 또 매도인 명의로 등기가 남아 있는 상태와 매수인이 인도받아 이를 사용·수익하고 있는 상태를 비교하면 매도인 명의로 잔존하고 있는 등기를 보호하기보다는 매수인의 사용·수익 상태를 더욱 보호하여야 할 것이므로 그 매수인의 등기청구권은 다른 채권과는 달리 소멸시효에 걸리지 않는다고 해석함이 타당하다(대법원 1976. 11. 6. 선고 76다148 전원합의체 판결 등)고 판단하고 있는 것과는 대조된다.

17

계약명의신탁에서 명의수탁자의 매매대금 상당 부당이득 반환채무에 대한 지연이자의 기산점

(대구지방법원 2014. 5. 30. 선고 2013가단51480, 2014가단15245 판결)

[사건 개요]

원고와 피고는 이 사건 매매계약 당일(2012. 2. 10.) 피고가 소외 1 소유의 이 사건 토지를 매수하여 원고에게 그 등기를 이전하여 주기로 하는 내용의 약정(이하 '이 사건 약정')을 체결하였고, 원고는 피고에게 이 사건 토지의 매수대금으로 3천만 원을 지급함.

피고는 2012. 2. 10. 소외 1과 사이에 이 사건 토지에 관한 매매계약을 체결하고, 원고로부터 제공받은 3천만 원을 이 사건 토지의 매매대금으로 지급함.

피고는 2012. 11. 19. 이 사건 토지에 관하여 피고 명의로 소유권이전등기를 마침. (본소 중 명의신탁 관련 부분만 정리)

[법원의 판단]

부동산 실권리자 명의 등기에 관한 법률 제4조 제1항, 제2항에 의하면 이른바 계약명의신탁약정에 따라 수탁자가 당사자가 되어 명의신탁약정이 있다는 사실을 알지 못하는 소유자와 사이에 부동산에 관한 매매계약을 체결한 후 그 매매계약에 따라 수탁자 명의로 소유권이전등기를 마친 경우에는 신탁자와 수탁자 사이의 명의신탁약정의 무효에도 불구하고, 수탁자는 당해 부동산의 완전한 소유권을 취득하게 되고, 다만 수탁자는 신탁자에 대하여 매수대금 상당의 부당이득반환의무를 부담하게 된다(대법원 2007. 6. 14. 선고 2007다17284 판결 등 참조). 이 사건 약정은 원고가 피고를 통하여 이 사건 토지를 매수함에 있어 매수인 명의를 피고 명의로 하기로 하는 내용의 이른바 계약명의신탁약정에 해당한다고 봄이 상당하다. 이 사건 약정의 무효에도 불구하고 피고가 계약당사자로서 소외 1과 사이에 이 사건 토지에 관한 매매계약을 체결한 이상 그 매매계약 자체는 유효한 것이므로, 위와 같은 매매계약에 따라 피고 명의로 소유권이전등기를 마친 이상 피고는 대외적으로 이 사건 토지에 관한 완전한 소유권을 취득하게 된다. 다만, 앞서 살펴 본 바와 같이 이러한 경우 원고는 자신이 제공한 매수대금을 부당이득으로 청구할 수 있는 것이므로, 피고는 원고에게 매수대금 상당인 3,000만 원 및 이에 대한 지연손해금을 지급할 의무가 있다.

부당이득반환의무자가 악의의 수익자라는 점에 대하여는 이를 주장하는 측에서 입증책임을 진다고 할 것인데, 원고가 제출한 증거들만으로는 피고가 2012. 9. 20. 무렵 자신이 수령한 매수대금 3,000만 원이 법률상 원인 없는 것임을 인식하였다고 인정하기에 부족하다. 따라서 피고는 민법 제749조 제2항에 따라 악의의 수익자로 간주되는 2014. 4. 24.(2014. 4. 24.자 청구취지 및 청구원인 변경 신청서가 이 법원에 접수된 날) 전에는 위 3,000만 원에 대한 법정이자를 반환할 의무가 없다.

[설명]

부동산 실권리자 명의 등기에 관한 법률 제4조 제1항, 제2항에 따르면, 계약명의신탁약정 사실을 알지 못한 매도인과 사이에 부동산에 관한 매매계약을 체결한 후 이에 따른 소유권이전등기를 명의수탁자 명의로 마친 경우에는 그 명의수탁자는 당해 부동산의 완전한 소유권을 취득하게 된다. 다만 명의수탁자는 명의신탁자에 대하여 부당이득반환의무를 부담하게 될 뿐인데, 이 경우 명의수탁자는 당해 부동산 자체가 아니라 명의신탁자로부터 제공받은 매수자금을 부당이득한 것으로 보게 된다(대법원 2005. 1. 28. 선고 2002다66922 판결 등 참조).

나아가 부당이득반환의 범위에 있어서는 선의의 수익자는 받은 이익이 현존하는 한도에서 반환책임이 있고(민법 제748조 제1항), 악의의 수익자는 그 받은 이익에 이자를 붙여 반환하고 손해가 있으면 이를 배상하여야 한다(같은 조 제2항). 그리고 민법 제749조 제1항은 수익자가 이익을 받은 후 법률상 원인 없음을 안 때에는 그때부터 악의의 수익자로서 이익반환의 책임이 있다고 정하고 있다. 그렇다면, 명의수탁자의 경우 언제부터 악의의 수익자로 보아 이자를 가산하여 반환할 의무를 지게 될까? 명의수탁자는 당연히 명의신탁 약정에 기하여 매수대금 등을 수령하는 것을 처음부터 알고 있었을 것이고, 부동산실명법상 명의신탁약정은 무효이므로, 그 매수자금 수령시점부터 악의로 보아 이자를 가산하여 반환하여야 하는 것으로 보아야 할까?

민법 제749조 제2항은 선의의 수익자가 패소한 때에는 그 소를 제기한 때부터 악의의 수익자로 보고 있으므로, 적어도 명의신탁자가 부당이득반환청구 소송을 제기하여 승소하게 되면, 명의수탁자는 그 소 제기 시점부터는 법률상 이자를 가산하여 반환하여야 한다. 그러나 위와 같은 부당이득반환청구 소송은 명의신탁이 있은 후로부터 수년 이상 상당한 기간이 지나서 제기되는 경우가 많기 때문에, 그 소제기 시점부터 악의로 보아 이자를 가산하게 될 경우 명의신탁자로서는 사실상 적지 않은 손해를 보게 된다. 명의수탁자로서도 법정이자가 연 5%로 높은 상황에서 이자를 언제부터 가산하게 되는지는 중요한 문제이다. 까닭에 소제기 시점 이전 언제부터 악의로 볼 수 있는지는 명의신탁자와 명의수탁자 모두에게 매우 중요하다.

이와 관련하여, 대법원은 부당이득반환의무자가 악의의 수익자라는 점에 대하여는 이를 주장하는 측에서 입증책임을 진다고 할 것이고, 또한 '악의'라 함은 민법 제749조 제2항에서 악의로 의제되는 경우 등은 별론으로 하고, 자신의 이익 보유가 법률상 원인 없는 것임을 인식하는 것을 말하고, 그 이익의 보유를 법률상 원인이 없는 것이 되도록 하는 사정, 즉 부당이득반환의무의 발생요건에 해당하는 사실이 있음을 인식하는 것만으로는 부족하다고 보고 있다. 이에 따라 단지 명의수탁자가 수령한 매수자금이 명의신탁약정에 기하여 지급되었다는 사실을 알았다고 하여도 그 명의신탁약정이 부동산실명법 제4조 제1항에 의하여 무효임을 알았다는 등의 사정이 부가되지 아니하는 한 그 금전의 보유에 관하여 법률상 원인 없음을 알았다고 쉽사리 말할 수 없다고 판단하고 있다(대법원 2010. 1. 28. 선고 2009다24187, 24194 판결).

위 판결에 의하면, 명의수탁자가 명의신탁약정에 기하여 매수대금을 수령한 사실을 안 것만으로는 매수대금 상당을 지급받은 날부터 법률상 지연이자가 기산되는 것이 아니다. 명의수탁자가 악의라고 볼 수 있으려면, 그 명의신탁약정이 부동산실명법에 따라 무효라는 것까지 알았다고 볼 수 있어야 한다. 위 법상 무효라는 것까지 안 시점부터 악의로 볼 수 있으므로, 그 시점부터 이자가 가산되는데, 이에 대한 입증책임은 명의신탁자측에 있는 것이다. 명의신탁이 금지된다는 것은 대부분의 일반인이 인식하고 있겠지만, 나아가 그 약정이 법률상 무효라는 것까지 대부분의 일반인이 인식하고 있다고 보기는 어렵다는 점을 감안한 것으로 보인다. 위 사안의 경우 원고는 매매대금 잔금 지급일로부터 얼마 되지 않은 2012. 9. 20. 무렵 피고가 매수대금으로 수령한 3,000만 원이 법률상 원인 없는 것임을 인식하였다고 주장하며, 그때부터의 지연이자를 구하였으나, 법원은 위 시점에 인식하였다고 볼 증거가 부족하다고 보고, 민법 제749조 제2항에 따라 악의의 수익자로 간주되는 시점부터의 지연이자를 기산한 것이다.

18

명의신탁자가 점유취득시효 완성을 이유로 명의수탁자를 상대로 소유권이전등기청구가 가능한지

(인천지방법원 2021. 5. 12. 선고 2020가단215536 판결)

[사건 개요]

망인은 1980. 5. 27. 이 사건 부동산 중 1/4 지분에 관하여 피고와의 명의신탁약정에 따라 그 소유자와 피고 사이에 매매계약을 체결하게 하고, 피고 명의로 소유권이전등기를 함. 이후 망인은 2020. 3. 6. 피고를 상대로 이 사건 부동산의 위 지분에 관한 소유권이전등기를 구하는 소를 제기한 상태에서 사망하여 그 자녀들인 원고들이 공동상속하고, 소송을 수계함. 피고는 이 사건 부동산 중 1/4 지분에 관한 소유권이전등기청구권은 부당이득반환청구권으로써 소멸시효가 완성되어 소멸하였고, 망인이 점유한 면적은 이 사건 부동산 면적 중 1/4에 미치지 못하므로 이 사건 부동산에 관한 점유를 인정할 수 없다고 다툼.

[법원의 판단]

1. 명의신탁 약정이 무효가 되어 망인이 피고에 대하여 갖게 되는 이 사건 부동산 중 1/4 지분에 관한 소유권이전등기청구권은 부당이득반환청구권으로서 민법 제162조 제1항에 따라 10년의 기간이 경과함으로써 시효로 소멸하고, 이 사건 소가 부동산실명법 제11조에서 정한 유예기간이 경과한 날인 1996. 7. 1.부터 10년이 경과한 후에 제기된 사실은 기록상 명백하므로, 망인의 이 사건 부동산 중 1/4 지분에 관한 소유권이전등기청구권은 시효로 소멸하였다고 할 것이다.

무효로 된 명의신탁 약정에 기하여 처음부터 명의신탁자가 그 부동산의 점유 및 사용 등 권리를 행사하고 있다 하여 위 부당이득반환청구권 자체의 실질적 행사가 있다고 볼 수 없을 뿐만 아니라, 명의신탁자가 그 부동산을 점유·사용하여 온 경우에는 명의신탁자의 명의수탁자에 대한 부당이득반환청구권에 기한 등기청구권의 소멸시효가 진행되지 않는다고 보아야 한다면, 이는 명의신탁자가 부동산 실권리자명의 등기에 관한 법률의 유예기간 및 시효기간 경과 후 여전히 실명전환을 하지 않아 위 법률을 위반한 경우임에도 그 권리를 보호하여 주는 결과로 되어 부동산 거래의 실정 및 부동산 실권리자명의 등기에 관한 법률 등 관련 법률의 취지에도 맞지 않는다(대법원 2009. 7. 9. 선고 2009다23313 판결).

2. 망인은 늦어도 1999년 봄경부터는 이 사건 부동산을 간접점유하였다고 봄이 타당하고, 이 사건 부동산에 관한 망인의 점유는 피고 앞으로 되

어 있는 1/4 지분에 관하여는 소유의 의사로 평온·공연하게 한 점유로 추정되므로(민법 제197조 제1항), 망인은 그로부터 20년이 경과한 2019. 4. 30.경 이 사건 부동산 중 1/4 지분을 시효취득하였다고 봄이 상당하다 (2019. 4. 30. 취득시효 완성을 원인으로 한 각 소유권이전등기절차를 이행하라고 판결).

[설명]

대상판결과 같이 명의신탁자가 명의신탁 부동산을 20년 이상 점유한 경우에도 점유취득시효 완성을 이유로 소유권이전등기 청구를 할 수 있는지가 종종 문제된다. 부동산실명법 시행 전에 이루어진 명의신탁의 경우 해당 부동산에 대하여 부당이득반환청구로 소유권이전등기청구가 가능하기는 하지만, 대상사건에서 보는 바와 같이 소유권이전등기청구권이 소멸시효가 완성된 경우가 대부분일 것을 감안하면, 이런 경우 점유취득시효 완성을 주장할 실익이 크기 때문이다.

한편, 명의신탁과 관련하여, 점유취득시효 완성이 문제되는 것은 주로 3자간 명의신탁의 경우이다. 양자간 등기명의신탁의 경우 명의수탁자가 이를 제3자에게 처분하지 않은 이상 명의신탁약정과 명의수탁자 명의의 등기가 모두 무효이고, 소유권이 명의신탁자에게 남아 있기 때문이다.

명의신탁자의 점유취득시효 완성이 가능한지와 관련하여, 대법원은 원론적으로는 이를 긍정하고 있다. 즉, 취득시효는 당해 부동산을 오랫동안 계속하여 점유한다는 사실 상태를 일정한 경우에 권리관계로 높이려고 하는 데에 그 존재 이유가 있는 점에 비추어 보면, 시효취득의 목적물은 타인의 부동산임을 요하지 않고 자기 소유의 부동산이라도 시효취득의 목적물이 될 수 있다(대법원 2001. 7. 13. 선고 2001다17572 판결)고 판단하여 오고 있다. 따라서 명의신탁자라고 하더라도, 20년 이상 소유의 의사로 점유한 이상 점유취득시효 완성을 이유로 명의수탁자에게 소유권이전등기청구를 할 수 있다고 본다.

다만, 최근 대법원은 "계약명의신탁에서 명의신탁자는 부동산의 소유자(매도인)가 명의신탁약정을 알았는지 여부와 관계없이 부동산의 소유권을 갖지 못할 뿐만 아니라 매매계약의 당사자도 아니어서 소유자를 상대로 소유권이전등기청구를 할 수 없고, 이는 명의신탁자도 잘 알고 있다고 보아야 한다. 명의신탁자가 명의신탁약정에 따라 부동산을 점유한다면 명의신탁자에게 점유할 다른 권원이 인정되는 등의 특별한 사정이 없는 한 명의신탁자는 소유권 취득의 원인이 되는 법률요건이 없이 그와 같은 사실을 잘 알면서 타인의 부동산을 점유한 것이다. 이러한 명의신탁자는 타인의 소유권을 배척하고 점유할 의사를 가지지 않았다고 할 것이므로 소유의 의사로 점유한다는 추정은 깨어진다."고 판단하였다(대법원 2022. 5. 12. 선고 2019다249428 판결). 즉, 위 판례의 취지에 따르면, 계약명의신탁의 경우 명의신탁자는 타주점유로 보아야 하므로, 점유취득시효 완성을 주장할 수 없게 된다. 대상판결의 경우 인정된 사실관계에 따를 때, 계약명의신탁약정이 있었던 것으로 보이고, 만약 그렇다면, 위 2019다249428 판결의 취지에 따라 자주점유의 추정이 깨진다고 보아 상소심에서는 다른 결론에 이르게 될 것으로 보인다.

그럼 3자간 등기명의신탁의 경우는 어떠할까? 3자간 등기명의신탁의 경우 대법원은 소유자와 명의신탁자 사이의 매매계약을 유효하다고 보고 있고, 따라서 명의신탁자가 매수인으로서 소유자를 상대로 소유권이전등기청구를 할 수 있으므로, 계약명의신탁의 경우와는 다르게 판단할 가능성이 있다고 본다.

19

명의수탁자가 재산세를 납부한 경우 명의신탁자에게 재산세 상당액에 대한 부당이득반환청구를 할 수 있는지

(대법원 2020. 9. 3. 선고 2018다283773 판결)

[사건 개요]

망인은 1989년경부터 인천 남구에서 학원을 설립하여 운영하였고, 원고들은 망인의 자녀들과 배우자이며, 피고는 망인의 동생임.

망인은 1989년경부터 2004. 2. 17.까지 인천 남구(지번 생략) 대 697.5㎡와(지번 생략) 대 783.7㎡ 중 일부인 합병 전과 분할 후의 4개 필지(이하 '4개 필지'라고 한다.)에 관하여는 망인과 피고 사이의 계약명의신탁약정에 따라, 나머지 부분(이하 '나머지 토지 부분'이라고 한다.)에 관하여는 망인과 피고, 각 매도인들 사이의 3자간 등기명의신탁약정에 따라 각각 피고 명의로 소유권이전등기를 마침.

망인은 2012. 8. 9. 사망하였고, 망인의 재산을 원고들이 상속함.

피고는 망인의 사망 후 2012년부터 2016년까지 위 토지들에 대한 재산세를 납부함.

원고들은 이전에 피고를 상대로 위 토지들에 관한 소유권이전등기의 말소를 구하는 소송(종전 소송)을 제기하였는데, 4개 필지에 관하여는 패소하고, 나머지 토지 부분에 관하여는 승소함.

원고들은 이 사건 소송에서 피고에게 4개 필지의 매수자금과 취득세 등 각종 취득비용을 부당이득으로 반환할 것을 청구하였고, 이에 대하여 피고는 종전 소송에서 원고가 승소했던 나머지 토지 부분의 재산세 납부에 따른 부당이득반환청구권 등을 원고들의 부당이득반환청구권과 상계한다고 주장함.

원심은 피고의 상계주장을 배척하였고, 쌍방이 상고함.

[법원의 판단]

지방세법 제107조 제1항에 따라 재산세 납세의무를 부담하는 '재산을 사실상 소유하고 있는 자'는 공부상 소유자로 등재된 여부를 불문하고 당해 토지나 재산에 대한 실질적인 소유권을 가진 자를 의미한다. 명의신탁자가 소유자로부터 부동산을 양수하면서 명의수탁자와 사이에 명의신탁약정을 하여 소유자로부터 바로 명의수탁자 명의로 해당 부동산의 소유권이전등기를 하는 3자간 등기명의신탁의 경우 명의신탁자의 매수인 지위는 일반 매매계약에서 매수인 지위와 근본적으로 다르지 않으므로, 명의신탁자가 부동산에 관한 매매계약을 체결하고 매매대금을 모두 지급하였다면 재산세 과세기준일 당시 그 부동산에 관한 소유권이전등기를 마치기 전이라도 해당 부동산에 대한 실질적인 소유권을 가진 자로서 특별한 사정이 없는 한 그 재산세를 납부할 의무가 있다.

과세관청이 3자간 등기명의신탁에 따라 해당 부동산의 공부상 소유자가 된 명의수탁자에게 재산세 부과처분을 하고 이에 따라 명의수탁자가 재산세를 납부하였더라도 명의수탁자가 명의신탁자 또는 그 상속인을 상대로 재산세 상당의 금액에 대한 부당이득반환청구권을 가진다고 보기는 어렵다. (피고의 상계주장 배척)

[설명]

지방세법 제107조는 재산세 과세기준일 현재 재산을 '사실상 소유하고 있는 자'를 납세의무자로 정하고 있고, 이는 공부상 소유자로 등재한 여부를 불문하고 재산에 대한 실질적인 소유권을 가진 자로 해석된다(대법원 2016. 12. 29. 선고 2014두2980, 2997 판결 등). 3자간 등기명의신탁(중간생략형 명의신탁)에 있어서는 명의신탁자가 매도인과 사이의 매매계약상 매수인이고, 매매대금을 지급함으로써, 사실상의 소유권을 취득하였다고 볼 수 있으므로, 재산세 납부의무를 지게 된다. 이와 달리 계약명의신탁에서 매도인이 선의인 경우는 명의수탁자가 매도인이나 명의신탁자와의 관계에서 당해 부동산의 소유권을 완전하게 취득하므로 재산세 납세의무자를 명의수탁자로 판단할 것으로 생각된다(취득세의 경우 명의신탁 사례 49번 서울동부지방법원 2011. 8. 26. 선고 2011가합6203 판결 참조).

그런데, 등기상 소유자는 명의수탁자로 되어 있는 관계로 명의수탁자에게 재산세가 부과되는 것이 통상일 것이다. 이런 경우 명의신탁자가 명의수탁자 명의로 재산세를 납부하는 것이 통상이겠지만(같은 이유로 실제 재산세 납부를 누가 하였는지는 명의신탁 입증에 있어 중요한 자료가 된다.), 대상사건(대법원 2020. 9. 3. 선고 2018다283773 판결)의 경우와 같이 명의수탁자가 이를 납부하였다면, 명의신탁자는 그로 인하여 재산세 납부의무를 면하는 이익을 얻은 것이므로, 명의수탁자가 명의신탁자를 상대로 부당이득반환청구를 할 수 있을까?

대상판결은 아래와 같은 이유를 들어, 명의수탁자가 재산세를 납부하였더라도 명의신탁자를 상대로 부당이득반환청구를 할 수 없다고 판단하였다.

① 명의수탁자가 재산세를 납부하게 된 것은 명의수탁자가 해당 부동산에 관한 공부상 소유자로 등재되어 있어 명의수탁자에게 재산세가 부과되었기 때문이고, 명의수탁자가 자신에게 부과된 재산세를 납부하였다고 하여 명의신탁자가 재산세 납부의무를 면하는 이득을 얻게 되었다고 보기 어렵다. 명의신탁자는 여전히 해당 부동산에 대한 재산세 납부의무를 부담한다.

② 명의수탁자에 대한 재산세 부과처분은 특별한 사정이 없는 한 위법한 것으로 취소되지 않은 이상 유효한 처분이고, 과세관청이 명의수탁자에게 재산세를 부과하여 명의수탁자가 이를 납부한 것을 두고 민법 제741조에서 정한 '법률상 원인 없이' 명의신탁자가 이익을 얻었거나 명의수탁자에게 손해가 발생한 경우라고 보기는 어렵다.

③ 명의수탁자는 항고소송으로 자신에게 부과된 재산세 부과처분의 위법을 주장하거나 관련 부동산의 소유권에 관한 판결이 확정됨을 안 날부터 일정 기간 이내에 지방세기본법 제50조 제2항 제1호의 후발적 사유에 의한 경정청구를 하는 등의 방법으로 납부한 재산세를 환급받을 수 있다. 따라서 명의수탁자가 위법한 재산세 부과처분을 다툴 수 없어(다투지 않아) 재산세 납부로 인한 손해가 발생하고 이를 회복할 수 없게 되었더라도 이러한 손해는 과세처분에 대한 불복기간이나 경정청구기간의 도과 등으로 인한 것이라고 볼 수 있다. 설령 과세관청이 명의신탁자에게 해당 부동산에 대한 재산세 부과처분을 하지 않게 됨으로써 결과적으로 명의신탁자가 재산세를 납부하지 않게 되는 이익을 얻게 되더라도 이것은 사실상 이익이나 반사적 이익에 불과할 뿐이다. 명의수탁자가 납부한 재산세의 반환이나 명의신탁자의 사실상 이익 발생의 문제는 명의수탁자와 과세관청, 과세관청과 명의신탁자 각각의 관계에서 해결되어야 할 문제이다. 명의수탁자와 과세관청 사이에서 해결되어야 할 문제에 대하여 명의수탁자에게 또 다른 구제수단을 부여하여야 할 필요성을 인정하기는 어렵다.

④ 명의수탁자의 명의신탁자에 대한 부당이득반환청구권을 인정하게 되면, 과세처분의 취소 여부에 따라 복잡한 문제가 발생할 수 있다. 명의수탁자가 명의신탁 부동산에 대한 재산세를 납부함으로써 명의신탁자에 대한 부당이득반환청구권을 가지게 된다고 볼 경우 이러한 사정이 명의수탁자가 과세관청을 상대로 과세처분의 취소를 구하는 항고소송을 진행하거나 후발적 사유에 의한 경정청구를 하는 것에 장애가 되지 않는다. 그렇다면 명의수탁자는 이중의 구제가 가능하게 된다.

법원은 나아가 위와 같은 법리는 양자간 등기명의신탁 또는 3자간 등기명의신탁의 명의수탁자가 명의신탁된 해당 부동산에 부과된 종합부동산세 또는 해당 부동산을 이용한 임대사업으로 인한 임대소득과 관련된 종합소득세, 지방소득세, 부가가치세 등을 납부한 경우에도 적용된다고 보아 명의신탁자에게 부당이득반환청구를 할 수 없다고 판단하고 있다(대법원 2020. 11. 26. 선고 2019다298222, 298239 판결 참조).

20

명의신탁 부동산에 대한 수용보상금이 공탁된 경우 공탁금 출급청구권이 명의신탁자에게 있다고 본 사례

(부산지방법원 2014. 5. 2. 선고 2013가합20901 판결)

[사건 개요]

종중인 원고는 이 사건 부동산(전 1,468㎡)에 대하여 D 외 16인에게 각 1/17 지분에 관하여 명의신탁하여 소유권이전등기를 마침.

원고는 위 소외인들을 상대로 명의신탁 해지를 이유로 소유권이전등기 소송을 제기하여 2003. 12. 4. 원고 승소 확정 판결을 받았으나, 종중인 원고는 농지법상 농지(전, 답)를 취득하는 것이 원칙적으로 허용되지 않아 이 사건 부동산에 관하여 소유권이전등기절차를 마치지 못함.

이후 피고는 이 사건 부동산이 J지구산업단지 조성사업 부지에 편입되어 수용되었다며, 이 사건 부동산의 등기부상 소유명의자들에게 통지하였고, 원고는 피고에게 이 사건 부동산의 실제 소유자는 자신이므로, 원고에게 수용보상금을 지급해 줄 것을 요청하였으나, 피고는 이를 거부한 채 등기명의자들을 피공탁자로 하여 수용보상금을 공탁함.

원고는 피고가 공탁한 공탁금의 출급청구권이 원고에게 있음의 확인을 구하는 소를 제기함.

[법원의 판단]

이 사건 부동산이 원고의 종중원인 위 D 외 16인에게 명의신탁되었다가 그 명의신탁이 해지되었음에도 원고가 이를 원인으로 한 소유권이전등기를 마치지 못하고 있음은 앞서 인정한 바와 같으므로, 원고를 이 사건 부동산의 소유자라고 할 수는 없으나, ① 원고가 현재 이 사건 부동산에 대한 권리를 주장하는 유일한 자인 점, ② 이 사건 부동산은 이미 수용되었기 때문에 원고의 권리를 인정하더라도 거래의 안전을 해칠 위험이 없는 점, ③ 부동산의 명의신탁 및 해지 등 일련의 과정이 이 사건 부동산과 동일한 위 F 토지에 대한 손실보상금도 원고가 2004년경 수령하여 현재까지 아무런 문제가 없는 점, ④ 피공탁자로 지정된 위 D 외 16인이 이 사건 부동산에 대한 지분권을 행사할 가능성이 극히 희박하고, 가사 이를 행사한다고 하더라도 원고와 위 소외인들 사이에는 종국적으로 이 사건 공탁금은 원고에게 귀속될 것이 명백한 점 등에 비추어, 이 사건 공탁금 및 이에 대한 이자에 관한 공탁금출급청구권은 실질적으로 원고에게 귀속되었다고 봄이 상당하고, 피고가 이를 다투고 있는 이상 원고에게 그 확인의 이익도 있다고 할 것이다.

[설명]

명의신탁된 토지에 대한 수용보상금을 명의신탁자를 피공탁자로 하여 공탁한 경우, 명의신탁자가 신탁해지의 의사표시를 하였다 하더라도 위 수탁자와 신탁자의 내부관계에서 수탁자가 신탁자에게 공탁금수령권의 반환의무를 부담함은 별론으로 하고 대외적으로는 공탁금의 수령권자는 명의수탁자라 할 것이고 신탁자에게 그 수령권이 있다고 할 수 없다(서울고등법원 1985. 12. 2. 선고 85나2937 제14민사부판결).

또한 변제공탁의 공탁물출급청구권자는 피공탁자 또는 그 승계인이고 피공탁자는 공탁서의 기재에 의하여 형식적으로 결정되므로, 실체법상의 채권자라고 하더라도 피공탁자로 지정되어 있지 않으면 공탁물출급청구권을 행사할 수 없고, 따라서 피공탁자 아닌 제3자가 피공탁자를 상대로 하여 공탁물출급청구권 확인판결을 받았다 하더라도 그 확인판결을 받은 제3자가 직접 공탁물출급청구를 할 수는 없다(대법원 2006. 8. 25. 선고 2005다67476 판결).

다만, 민사집행법 제229조 제2항에 의하면 채권압류 및 추심명령을 받은 추심채권자는 추심에 필요한 채무자의 권리를 대위절차 없이 자기 이름으로 재판상 또는 재판 외에서 행사할 수 있으므로, 변제공탁의 피공탁자를 채무자로 하여 그의 공탁물출급청구권에 대하여 채권압류 및 추심명령을 받은 추심채권자는 공탁물을 출급하기 위하여 자기의 이름으로 공탁물출급청구권이 추심채권자의 채무자에게 있음을 확인한다는 확인의 소를 제기할 수 있다(대법원 2011. 11. 10. 선고 2011다55405 판결).

위와 같이 채권압류 및 추심명령을 받은 추심채권자라는 등의 특별한 사정이 없는 한 피공탁자가 아닌 제3자는 공탁금출급청구권의 확인을 구할 이익이 없음이 원칙이다.

위와 같은 취지에서 전주지방법원 2018. 4. 26. 선고 2017가단23693 판결은「변제공탁의 경우 원고는 피공탁자가 아니므로 피공탁자인 소외인의 상속인들을 상대로 하여 공탁금출급청구권확인청구를 하여서는 공탁금출급청구를 할 수 없고, 소외인의 상속인들을 상대로 소유권이전등기청구권이 이행불능되었음을 이유로 대상청구권을 행사하여 공탁금출급청구권에 대한 채권양도의 의사표시와 그 채권양도의 통지[대한민국(소관 전주지방법원 공탁관)에 대하여]를 하라는 청구를 함으로써 그 권리의 만족을 얻을 수 있다.」고 판단한 바 있다.

대상사건의 경우도 변제공탁으로 볼 수 있는 경우이므로, 피공탁자가 아닌 원고 종중으로서는 공탁금출급청구권이 자신에 있다는 확인청구를 할 수 없고, 피공탁자를 상대로 공탁금출급청구권에 대한 채권양도의 의사표시와 그 채권양도의 통지를 구하는 청구를 하는 것이 바람직했을 것으로 판단된다. 그러나 위 사안에서 법원은 원고 종중이 이 사건 부동산의 실질적인 소유자로서, 피공탁자들이 수용보상금을 원고 종중에게 귀속시키는데 그동안 이의가 없었고, 원고와 피공탁자들 사이에는 종국적으로 공탁금이 원고에게 귀속될 것이 명백한 점 등을 감안하여, 소송경제의 측면에서 공탁금출급청구권이 원고에게 있다는 청구를 인용한 것으로 보인다. 법리상으로는 다시 검토될 여지가 있으나, 법 감정이나 소송경제의 측면에서는 타당한 측면이 있다고 사료된다.

21

상호명의신탁 관계에 있는 공유토지에 대한 수용보상액 산정기준

(부산지방법원 2021. 4. 30. 선고 2020구합634 판결)

[사건 개요]

부산광역시 영도구는 도시계획시설사업 시행자로서, 이 사건 토지(696 ㎡) 중 원고의 지분 196/9892 및 지장물에 관하여 수용재결신청을 하였고, 부산광역시 지방토지수용위원회는 손실보상금을 49,066,680원(이 사건 토지 중 196/9892 지분 45,879,180원+지장물 3,187,500원)으로 하는 이 사건 수용재결을 함.

원고는 이 사건 토지의 공유자들은 각자 그 위치와 면적을 특정하여 토지를 소유하는 구분소유적 공유관계에 있으면서 각자 점유하는 토지 부분에 단독으로 건물을 소유하고 있었고, 이 사건 토지 중 원고가 구분소유하던 부분을 포함한 일부만이 이 사건 사업 구역에 편입되었으므로, 원고의 공유지분에 해당하는 금액(1필지 전체에 대한 보상액 중 원고 지분비율에 해당하는 금액)이 아닌 원고가 구분소유하고 있는 토지 면적 57㎡에 해당하는 손실보상금 189,373,000원(즉, ㎡ 손실보상액×수용대상 면적 57㎡)을 지급하여야 한다며, 손실보상금 증액을 구하는 소를 제기함.

[법원의 판단]

수인이 한 필지의 특정부분을 구분소유하기로 하면서 편의상 공유지분 등기를 경료함으로써 각자의 특정부분에 관한 공유지분등기가 상호 명의신탁 관계에 있는, 이른바 구분소유적 공유토지에 대하여 수용보상액을 정하는 경우, 명의신탁된 부동산은 대외적으로 수탁자의 소유에 속하는 것이므로, 일반 공유토지와 마찬가지로 한 필지의 토지 전체를 기준으로 평가한 다음 이를 공유지분 비율에 따라 안분하여 각 공유지분권자에 대한 보상액을 정하여야 한다(대법원 1993. 6. 29. 선고 91누2342 판결, 대법원 1998. 7. 10. 선고 98두6067 판결, 대법원 2001. 12. 14. 선고 2001두8148 판결 등 참조).

위 법리에 비추어 보면, 설령 원고가 이 사건 토지 중 특정 부분 57㎡를 구분소유하고 있다고 하더라도 대외적으로는 이 사건 토지를 공유하고 있는 것에 불과하고, 이 사건 수용재결의 목적물은 이 사건 토지 중 특정 위치와 면적의 토지가 아니라 원고의 공유지분 자체라고 할 것이므로, 원고에 대한 손실보상금은 이 사건 토지 중 원고의 지분비율에 해당하는 금액을 계산하는 방법으로 정하여야 한다(원고 청구 기각).

[설명]

부동산의 위치와 면적을 특정하여 2인 이상이 구분소유하기로 하는 약
정을 하고 그 구분소유자의 공유로 등기하는 경우를 '상호명의신탁'이라고
한다. 형식은 공유지분등기이지만, 실질은 공유자 각자 특정 부분을 구분
하여 소유하기로 한 것이어서 지분을 명의신탁한 것과 같다. 부동산 실권
리자명의 등기에 관한 법률은 명의신탁약정의 정의규정에서 상호명의신
탁의 경우를 제외하고 있기 때문에(제2조 제1호 단서. 나. 목), 상호명의신
탁은 금지되지 않고, 유효하다.

상호명의신탁의 경우 유효하므로, 명의신탁에 관한 법리에 따라, 명의
신탁해지를 이유로 한 소유권이전등기청구가 가능하다. 즉, 상호명의신탁
관계 내지 구분소유적 공유관계에서 부동산의 특정 부분을 구분소유하는
자는 그 부분에 대하여 신탁적으로 지분등기를 가지고 있는 자를 상대로
하여 그 특정 부분에 대한 명의신탁 해지를 원인으로 한 지분이전등기절
차의 이행을 구할 수 있다. 이 경우 그 부동산 전체에 대한 공유물분할을
구할 수는 없다(대법원 2010. 5. 27. 선고 2006다84171 판결).

그러나 명의신탁 법리에 따를 경우 외부적으로는 수탁자만이 소유자
로서 유효하게 권리를 행사할 수 있으므로 수탁자로부터 그 부동산을 취
득한 자는 수탁자에게 매도나 담보의 제공 등을 적극적으로 권유함으로
써 수탁자의 배임행위에 적극 가담한 것이 아닌 한 명의신탁 사실을 알았
는지의 여부를 불문하고 부동산의 소유권을 유효하게 취득한다(대법원

1991. 4. 23. 선고 판결 등). 이는 상호명의신탁의 경우도 마찬가지이다(대법원 1993. 6. 8. 선고 92다18634 판결 등). 공익사업을 위한 토지수용재결의 경우도 대외적으로는 명의수탁자만이 소유자이므로 공유토지의 일부만을 수용하는 경우라고 하더라도 수용되는 부분의 구분소유자만이 손실보상을 받는 것이 아니라 공유지분 비율에 따라 안분하여 각 공유지분권자에 대한 보상액을 정하여 지급하게 되는 것이다(공유자들 사이에 대내적으로 정산하는 것은 별론).

22

소제기를 위한 종중의 총회결의가 있었다고 보기 어려워 명의신탁해지를 원인으로 한 소유권이전등기청구의 소를 각하한 사례

(대구지방법원 경주지원 2022. 1. 26. 선고 2021가단605 판결)

[사건 개요]

경주시 ○○ 답 559㎡(이하 '이 사건 토지')에 관하여 1976. 12. 29. 매매를 원인으로 하여 1976. 12. 30. 피고 B, 피고 C, 소외 망 G 명의의 소유권이전등기가 경료되었음(각 소유지분 1/3).

그 후 망 G가 사망하여 2018. 10. 4. 이 사건 토지 중 망 G의 소유 지분에 관하여 피고 D 명의로 협의분할에 의한 상속을 원인으로 한 소유권이전등기가 경료됨.

원고는 H 씨 20세손 I를 중시조로 하는 종중으로 이 사건 토지는 원고가 1976. 12. 30. 매수한 것인데, 당시 종중원인 소외 망 G, 피고 B와 C에게 명의신탁하여 둔 것이라고 주장하며, 피고들을 상대로 이 사건 소장 부본 송달로서 명의신탁약정을 해지하고, 명의신탁해지를 원인으로 한 소유권이전등기절차를 이행할 것을 구함.

[법원의 판단]

종중이나 종중 유사단체가 당사자능력을 가지는지 여부에 관한 사항은 법원의 직권조사사항이므로, 그 당사자능력 판단의 전제가 되는 사실에 관하여는 법원이 당사자의 주장에 구속될 필요 없이 직권으로 조사하여야 하며, 그 사실에 기하여 당사자능력의 유무를 판단함에 있어서는, 당사자가 내세우는 종중이나 단체의 목적, 조직, 구성원 등 단체를 사회적 실체로서 규정짓는 요소를 갖춘 실체가 실재하는지의 여부를 가려서, 그와 같은 의미의 단체가 실재한다면 그로써 소송상 당사자능력이 있는 것으로 볼 것이고, 그렇지 아니하다면 소를 각하하여야 할 것이다(대법원 2010. 4. 29. 선고 2010다1166 판결).

총유물의 보존에 있어서는 공유물의 보존에 관한 민법 제265조의 규정이 적용될 수 없고, 특별한 사정이 없는 한 민법 제276조 제1항의 규정에 따라 사원총회의 결의를 거쳐야 하므로, 법인 아닌 사단인 종중이 그 총유재산에 대한 보존행위로서 소송을 하는 경우에도 특별한 사정이 없는 한 종중 총회의 결의를 거쳐야 한다. 종중 총회를 개최함에 있어서는, 특별한 사정이 없는 한 족보 등에 의하여 소집통지 대상이 되는 종중원의 범위를 확정한 후 국내에 거주하고 소재가 분명하여 통지가 가능한 모든 종중원에게 개별적으로 소집통지를 함으로써 각자가 회의와 토의 및 의결에 참가할 수 있는 기회를 주어야 하므로, 일부 종중원에 대한 소집통지 없이 개최된 종중 총회에서의 결의는 그 효력이 없다(대법원 2010. 2. 11. 선고 2009다83650 판결).

… 중략 … ② 고유 의미의 종중은 종중원의 자격을 박탈한다든지 종중원이 종중을 탈퇴할 수 없음에도 불구하고 당시 제정된 원고의 정관에 의하면, 그 회원자격에 대하여 제5조에서 "본 회원 자격은 M파 20세손 I 이하 자손(남자)으로 혼인자로 한다."고 정하고 있으며 부칙 제3조에서 "본회의 명예를 훼손시킨 회원에 대하여 회의 참석자 2/3의결로 제명할 수 있다."고 정하고 있어 그 정관에 의할 때 원고가 고유한 의미의 종중이라고 보기 어려운 점, ③ 원고는 2021. 11. 13. 총회를 개최하여 여성도 종중원에 포함되도록 정관을 변경하였다고 주장하나, 변경된 정관에 의하더라도 회원은 "M파 20세손 I 이하 자손(남자, 여자)으로 혼인자로 한다."고 하여 혼인하지 않은 자는 종중원에서 제외하고 있는 점, ④ 원고는 여성도 종중원에 포함된다고 주장하면서도 제출한 가계도에 여성은 전혀 기재되어 있지 않은데다가 원고 스스로도 위 가계도에 기재한 남성 외에 27세손 이하 성인이 된 남자는 더 있다고 밝히고 있어 원고가 종중원의 범위나 현황을 명확하게 특정하거나 파악하고 있는지도 의문인 점, ⑤ 종중원의 범위나 현황이 파악되지 않는 이상 원고의 창립총회나 2021. 11. 13.자 총회에 관하여 당시 통지 가능한 모든 종중원들에게 소집통지가 이루어졌다고 볼 수도 없는 점, ⑥ 원고가 그 선대나 후대와 별도로 이 사건 토지를 명의신탁하였다고 주장하는 1976년 이전부터 분묘수호와 봉제사, 친목향상, 상호부조 등의 계속적인 사회활동을 하여왔다고 인정할만한 증거도 부족한 점 등에 비추어 보면, 원고가 M파 20세손 I의 후손으로 구성된 종중으로서

의 사회적 실체를 가지고 있다고 보기 어렵고, 설령 원고가 위 종중으로서의 실체를 가지고 있다고 하더라도 이 사건 토지에 관하여 소제기를 위한 총회결의가 있었다고 볼 증거도 없으므로, 이 사건 소는 부적법하다. (소각하 판결)

[설명]

종중의 명의신탁 재산과 관련한 분쟁에서는 해당 종중이 종중으로서의 실체를 가졌는지 여부와 소제기 요건, 특히 해당 소제기를 위한 종중의 총회결의가 있었는지가 자주 문제된다.

먼저, 종중의 실체를 갖추었는지 여부에 대하여 대상판결은 원고가 정관에 회원의 자격을 혼인한 자로 제한하고 있고, 심지어 회원을 제명할 수도 있도록 규정한 점에 비추어 고유의 의미의 종중이라고 볼 수 없다고 판단하였다. 고유 의미의 종중이란 공동선조의 분묘 수호와 제사, 종원 상호간 친목 등을 목적으로 하는 자연발생적인 관습상 종족집단체로서 특별한 조직행위를 필요로 하는 것이 아니고 그 선조의 사망과 동시에 그 자손에 의하여 성립하며 그 대수에도 제한이 없고, 공동선조의 후손은 그 의사와 관계없이 성년이 되면 당연히 그 구성원(종원)이 되는 것이며 그중 일부 종원을 임의로 그 종원에서 배제할 수 없다는 점에서 위와 같이 원고는 고유의 의미의 종중으로 보기는 어렵다(대법원 2020. 10. 15. 선고 2020다232846 판결 등 참조). 즉, 공동선조의 후손 중 특정 범위 내의 자들만으로 구성된 종중이란 있을 수 없다.

다만, 고유의 의미의 종중이 아닌 경우에도, 원고의 경우와 같이 공동선조의 후손 중 특정 범위 내의 종원만으로 조직체를 구성하여 활동하고 있다면 이는 본래 의미의 종중으로는 볼 수 없더라도, 종중 유사의 권리능력 없는 사단(이하 '종중 유사단체'라고 한다.)이 될 수도 있다. 그리고 종중 유사단체는 반드시 총회를 열어 성문화된 규약을 만들고 정식의 조직체계를 갖추어야만 비로소 단체로서 성립하는 것이 아니라, 실질적으로 공동의 목적을 달성하기 위하여 공동의 재산을 형성하고 일을 주도하는 사람을 중심으로 계속적으로 사회적인 활동을 하여 온 경우에는 이미 그 무렵부터 단체로서의 실체가 존재한다고 하여야 한다. 그리고 계속적으로 공동의 일을 수행하여 오던 일단의 사람들이 어느 시점에 이르러 비로소 창립총회를 열어 조직체로서의 실체를 갖추었다면, 그 실체로서의 조직을 갖추기 이전부터 행한 행위나 또는 그때까지 형성한 재산은, 다른 특별한 사정이 없는 한, 모두 이 사회적 실체로서의 조직에게 귀속된다(대법원 2019. 2. 14. 선고 2018다264628 판결 참조).

대상판결의 경우 법원이 인정한 사실관계에 의하면, 원고는 '계중'이라는 모임으로 문중 모임을 하여 오고, 이 사건 토지를 관리하여 오다가 2013. 11. 16. 창립총회를 개최하고, 정관을 작성하는 등 종중 유사단체로 볼 여지가 전혀 없지는 않다. 그리고 종중 유사단체로 볼 수 있는 경우 사적 자치의 원칙 내지 결사의 자유에 따라 구성원의 자격이나 가입조건을 자유롭게 정할 수 있으므로, 원고의 경우와 같이 정관에 회원 자격을 제한하고, 회원의 제명이 가능하도록 하였다는 것만으로 당사자능력이 부정되지는 않는다. 다만, 대상판결이 설시한 바와 같이 원고가 1976년 이전부터 분묘수호와 봉제사, 친목향상, 상호부조 등의 계속적인 사회활동을 하여 왔다고 인정할 만한 증거가 부족하다면 종중 유사단체로 보기도 어렵고, 이 사건 토지와 관련한 명의신탁관계가 원고에게 귀속된다고 보기도 어렵다. 따라서 대상사건에서 원고로서는 당사자능력 여부와 관련하여 종중 유사단체로 볼 수 있는지 여부에 대하여도 보다 구체적으로 주장, 입증을 할 필요가 있다.

다음으로, 법인 아닌 사단인 종중이 그 총유재산에 대한 보존행위로서 소송을 하는 경우에도 특별한 사정이 없는 한 종중 총회의 결의를 거쳐야 한다. 따라서 대상사건에서 원고는 종중 유사단체로 볼 수 있는 경우가 아닌 한 종중의 총회 개최와 관련한 소집통지를 통지 가능한 종중원 모두에게 하였어야 한다. 특히 대법원 2005. 7. 21. 선고 2002다1178 전원합의체 판결에서 공동선조와 성과 본을 같이 하는 후손은 성별의 구별 없이 성년이 되면 당연히 그 구성원이 된다고 판단하여 종중 구성원의 자격을 성년 남성으로 제한한 종래의 관습법의 효력을 부정한 이후로는 종중 총회 소집통지를 할 때에는 여성 종중원에 대하여도 당연히 통지를 하여야 한다. 그러나 대상사건에서 원고는 당초 정관에서 회원자격을 남자로 제한하고 있다가 소제기 이후 변론종결 직전인 2021. 11. 13.에서야 총회를 개최하여 여성을 종중원에 포함되도록 정관을 변경하였고, 원고가 제출한 가계도에서도 여성은 전혀 기재되어 있지 않았다. 대상판결은 이러한 점에 비추어 원고가 여성 종중원을 포함한 통지 가능한 모든 종중원에 대하여 총회 소집통지를 한 것으로 보기도 어렵고, 따라서 소제기와 관련하여 적법한 종중총회결의가 있었다고 보기 어렵다고 판단한 것이다.

제3장

명의신탁과 사해행위

채무자가 채무초과 상태에서 유일한 부동산을 매도하거나 담보로 제공하는 행위는 사해행위에 해당한다. 이때 해당 부동산이 명의신탁된 경우라면, 명의수탁자의 처분행위가 사해행위가 되는지 여부가 실무상 자주 문제된다. 명의수탁자가 채무초과 상태에서 명의신탁 부동산을 처분하는 경우 사해행위가 성립하는가의 여부는 결국 그 부동산이 명의수탁자의 소유로서 채권자들의 공동담보에 제공되는 채무자의 책임재산에 속하는 것이었는지에 달려 있다. 즉, 명의수탁자의 처분 당시 해당 부동산의 소유권이 누구에게 귀속되어 있었는가가 핵심이다.

이는 해당 부동산에 관한 명의신탁의 유형과도 관련이 있다. 즉, 양자간 등기명의신탁, 3자간 등기명의신탁(중간생략형 명의신탁), 매도인이 악의인 계약명의신탁의 경우는 명의수탁자가 해당 부동산의 소유권을 취득하지 못한 반면, 매도인이 선의인 계약명의신탁의 경우 명의수탁자는 완전한 소유권을 취득하기 때문이다. 전자의 경우 명의수탁자의 일반채권자의 공동담보에 제공되는 책임재산으로 공여된 바 없기 때문에, 명의수탁자가 이를 처분하더라도 사해행위로 보기 어렵지만, 후자의 경우는 이와 반대다.

한편, 명의신탁약정과 그 등기가 유효한 예외적인 경우, 예컨대, 부부간 명의신탁과 같은 경우에는 명의신탁자로서는 명의신탁약정을 해지하고, 명의수탁자를 상대로 해당 부동산에 관한 소유권이전등기를 청구할 수 있기 때문에, 명의수탁자가 명의신탁자에게 소유권을 이전하는 등 처분을 하더라도, 사해의사가 있다고 보기는 어려운 측면이 있다.

23

명의신탁이 된 부동산을 매도한 경우에도 사해행위가 되는지 여부

(대구지방법원 서부지원 2021. 5. 26. 선고 2020가단66081 판결)

[사건 개요]

F 소유 부동산 중 298/1323 지분에 관하여 2016. 2. 17. 매매를 원인으로 하여 D 명의의 지분이전등기가 2016. 3. 14. 경료됨.

다시 2020. 3. 30. 위 지분 중 99/1323 지분에 관하여 피고 A 명의의 지분이전등기가, 위 지분 중 100/1323 지분에 관하여 피고 B 명의의 지분이전등기가, 99/1323 지분에 관하여 피고 C 명의의 지분이전등기가 각 2020. 3. 30. 매매(이하 '이 사건 매매계약')를 원인으로 하여 경료되었음.

원고(신용보증기금)는 2020. 3.경 신용보증사고 발생으로 원고(신용보증기금)가 대위변제를 함에 따른 구상금 채무자인 D가 이 사건 매매계약으로 피고 A, B, C에게 지분을 이전한 것은 사해행위에 해당함을 이유로 매매계약의 취소와 각 지분이전등기의 말소를 청구함.

피고 A, B는 F로부터 지분을 매수할 당시 A, B, D가 공동으로 1/3씩 매수하기로 하였으나, 그 매수인 명의는 D로 하기로 하였고, 매도인인 F는 그 당시 위와 같이 공동으로 매수하는 사실을 알고 있었으므로, 이 사건 각 지분에 대한 소유권은 F에게 있고, D의 책임재산으로 볼 수 없으므로, 이 사건 매매계약은 사해행위가 아니라고 다툼.

[법원의 판단]

부동산에 관하여 부동산 실권리자명의 등기에 관한 법률 제4조 제2항 본문이 적용되어 명의수탁자인 채무자 명의의 소유권이전등기가 무효인 경우에는 그 부동산은 채무자의 소유가 아니기 때문에 이를 채무자의 일반 채권자들의 공동담보에 제공되는 책임재산이라고 볼 수 없다(대법원 2007. 12. 27. 선고 2005다54104 판결 등).

채무자가 자신의 책임재산이 아닌 부동산에 관하여 제3자와 매매계약을 체결하고 그에게 소유권이전등기를 마쳐 주었다 하더라도 그로써 채무자의 책임재산에 감소를 초래한 것이라고 할 수 없으므로 이를 들어 채무자의 일반 채권자들을 해하는 사해행위라고 할 수 없으며, 채무자에게 사해의 의사가 있다고 볼 수도 없다.

명의신탁자와 명의수탁자가 이른바 계약명의신탁약정을 맺고 매매계약을 체결한 소유자도 명의신탁자와 명의수탁자 사이의 명의신탁약정을 알면서 그 매매계약에 따라 명의수탁자 앞으로 당해 부동산의 소유권이전등기를 마친 경우 부동산 실권리자명의 등기에 관한 법률 제4조 제2항 본문에 의하여 명의수탁자 명의의 소유권이전등기는 무효이므로, 당해 부동산의 소유권은 매매계약을 체결한 소유자에게 그대로 남아 있게 된다(대법원 2013. 9. 12. 선고 2010다95185 판결).

위 인정사실에 의하면, 이 사건 각 지분에 관하여는 피고 A, B가 명의신탁자로 D가 명의수탁자로 이른바 계약명의신탁약정을 맺고 D가 F로부터 이 사건 각 지분을 매수한 것이고, 매도인인 F도 위 명의신탁약정을 알면서 매도하였다고 인정되므로, D 명의의 이 사건 각 지분에 관한 지분이전등기는 무효다. 따라서 이 사건 각 지분은 이 사건 매매계약 체결 당시에도 매도인인 F의 소유일 뿐이므로, D의 책임재산이라고 볼 수 없다(A, B에 대한 청구 기각. C에 대한 청구는 인용됨.).

[설명]

부동산 실권리자명의 등기에 관한 법률 제4조 제1항, 제2항에 따르면, 명의신탁약정과 명의신탁약정에 따른 등기로 이루어진 부동산에 관한 물권변동은 무효가 된다. 다만, 계약명의신탁의 경우 매도인이 명의신탁약정 사실을 알지 못한 경우(선의)에는 위 법률 제4조 제2항 단서에 의하여, 예외가 인정되어 명의수탁자가 해당 부동산의 소유권을 취득하게 된다. 이에 반하여 매도인이 악의인 경우에는 위 법률 제4조 제1항 및 제2항 본문에 따라 명의수탁자 명의의 소유권이전등기가 무효가 된다. 이 경우 법원은 더 나아가 매도인과 명의수탁자가 체결한 매매계약도 원시적으로 무효가 된다고 보고, 따라서 해당 부동산의 소유권은 매매계약을 체결한 소유자에게 그대로 남아 있게 되며, 명의신탁자는 소유자와 매매계약관계가 없기 때문에 소유자를 상대로 해당 부동산에 관하여 소유권이전등기청구를 하는 것도 허용되지 않는다고 판단하고 있다(대법원 2016. 6. 28. 선고 2014두6456 판결).

그리고 위와 같이 채무자인 명의수탁자 명의의 등기가 무효인 경우 해당 부동산은 채무자의 소유가 아니기 때문에 이를 채무자의 일반 채권자들의 공동담보에 공하여지는 책임재산이라고 볼 수 없고, 채무자가 해당 부동산에 관하여 제3자와 매매계약을 체결하고 그에게 소유권이전등기를 마쳐 주었다 하더라도 그로써 채무자의 책임재산에 감소를 초래한 것이라고 할 수 없으므로 이를 들어 채무자의 일반 채권자들을 해하는 사해행위라고 할 수 없게 된다(대법원 2007. 12. 27. 선고 2005다54104 판결 등).

이에 반하여 계약명의신탁 약정 사실을 알지 못하는 소유자와 부동산에 관한 매매계약을 체결한 후 그 매매계약에 따라 당해 부동산의 소유권이전등기를 명의수탁자 명의로 마친 경우에는 부동산 실권리자명의 등기에 관한 법률 제4조 제2항 단서에 의하여 그 명의수탁자는 당해 부동산의 완전한 소유권을 취득하게 된다. 다만 명의신탁자에 대하여 그로부터 제공받은 매수자금 상당액의 부당이득반환의무를 부담하게 되는 바, 위와 같은 경우에 명의수탁자가 취득한 부동산은 채무자인 명의수탁자의 일반 채권자들의 공동담보에 제공되는 책임재산이 되고, 명의신탁자는 명의수탁자에 대한 관계에서 금전채권자 중 한 명에 지나지 않으므로, 명의수탁자의 재산이 채무의 전부를 변제하기에 부족한 경우 명의수탁자가 위 부동산을 명의신탁자 또는 그가 지정하는 자에게 양도하는 행위는 특별한 사정이 없는 한 다른 채권자의 이익을 해하는 것으로서 다른 채권자들에 대한 관계에서 사해행위가 된다(대법원 2008. 9. 25. 선고 2007다74874 판결).

24

명의수탁자가 채무초과 상태에서 유일한 부동산을 명의신탁자에게 소유권이전등기를 해 준 경우 사해의사가 없었다고 볼 수 있는지

(대구지방법원 2020. 3. 19. 선고 2019가단137324 판결)

[사건 개요]

원고는 2018. 11. 20. 주식회사 A와 공작기계 리스계약을 체결하였고, 주식회사 A의 대표이사인 정○○은 위 리스계약상 채무를 8,008만 원을 한도로 연대보증함.

주식회사 A는 2019. 5.경부터 리스료 지급을 지체하여 리스계약이 해지되었고, 보증금과 리스물건 매각대금으로 충당하고 남은 원고의 채권액은 2020. 1 6. 기준 25,834,985원임.

연대보증인 정○○은 2019. 3. 21. 장인인 피고에게 이 사건 주택에 관하여 2019. 1. 30. 매매를 원인으로 소유권이전등기를 마쳐 줌(매매대금은 2억 1,500만 원으로 신고).

정○○은 2019. 1. 30. 기준으로 B은행에 5,800여 만 원, C은행에 5,000만 원, D보험 주식회사에 1억 4,500여 만 원, 주식회사 E에 2억 8,400여 만 원의 채무가 있었고, 이 사건 주택은 정○○이 소유하던 유일한 부동산이었음.

원고는 위 매매계약이 사해행위임을 이유로 그 취소 및 이 사건 주택에 관한 피고 명의 소유권이전등기의 말소를 구함.

이에 반하여, 피고는 이 사건 주택은 2015년 피고가 정○○의 이름을 빌려 매수한 것이고, 명의신탁한 이 사건 주택 소유권을 회복하기 위해 정○○으로부터 소유권이전등기를 넘겨받았을 뿐 사해의사가 없었다고 다툼.

[법원의 판단]

사해행위로 채권자를 해하게 됨을 몰랐음은 수익자가 증명해야 한다. 수익자가 선의임을 인정하려면 증명책임 기본원칙에 비추어 객관적이고 납득할 만한 자료가 뒷받침되어야 한다(대법원 2006. 4. 14. 선고 2006다5710 판결 등 참조). 명의수탁자가 자기 이름으로 부동산을 매수하고 매도인이 명의신탁 약정이 있었음을 몰랐다면, 소유권은 명의수탁자에게 돌아간다(부동산 실권리자명의 등기에 관한 법률 제4조 제2항). 설령 정○○이 명의수탁자이더라도, 매도인이 그 사실을 알았다는 증거가 없는 이상 이 사건 주택은 정○○의 소유이고 그의 책임재산이 된다. 피고가 소유권이전등기를 넘겨받음으로써 이 사건 주택이 원고의 채권 변제에 쓰이지 못

하게 되었는데도, 자신이 명의신탁자라는 사정만을 들어 원고를 해할 의
사가 없었다는 항변은 이유 없다.

[설명]

명의수탁자가 채무초과 상태에서 유일한 부동산인 명의신탁 부동산을
처분하는 경우 사해행위가 성립되는지 여부에 대하여는 명의신탁 사례 23
번(대구지방법원 서부지원 2021. 5. 26. 선고 2020가단66081 판결)에서 유
형별로 살펴본 바 있다. 이 경우 사해행위가 성립되는지 여부는 결국 해당
부동산에 관한 명의신탁 약정과 명의수탁자 명의의 등기가 유효한지 여부
에 달려 있다. 즉, 명의수탁자가 소유권을 취득하고 있는 경우라면, 해당
부동산은 그의 채권자들의 공동담보에 공하여지는 일반재산이 된다. 따라
서 부동산실명법 제4조 제2항 단서의 예외사유에 해당하여 명의수탁자가
소유권을 취득한 부동산의 경우는 그가 채무초과 상태에서 유일한 부동산
인 해당 부동산을 처분할 시 사해행위가 성립될 수 있다. 이와 같은 취지
에서 위 대상판결은 명의수탁자가 명의신탁된 부동산을 명의신탁자에게
소유권이전하는 경우도 사해행위가 성립된다고 판단한 것이다.

또한 사해행위취소소송에서 채무자의 악의의 점에 대하여는 취소를 주
장하는 채권자에게 증명책임이 있으나 수익자 또는 전득자가 악의라는 점
에 관하여는 증명책임이 채권자에게 있는 것이 아니고 수익자 또는 전득
자 자신에게 선의라는 사실을 증명할 책임이 있다. 그리고 채무자의 재산
처분행위가 사해행위에 해당할 경우에 사해행위 또는 전득행위 당시 수익

자 또는 전득자가 선의였음을 인정함에 있어서는 객관적이고도 납득할 만한 증거 자료 등에 의하여야 하고, 채무자나 수익자의 일방적인 진술이나 제3자의 추측에 불과한 진술 등에만 터 잡아 사해행위 또는 전득행위 당시 수익자 또는 전득자가 선의였다고 선뜻 단정하여서는 아니 된다(대법원 2015. 6. 11. 선고 2014다237192 판결). 즉, 수익자의 선의 여부는 채무자와 수익자의 관계, 채무자와 수익자 사이의 처분행위 내용과 그에 이르게 된 경위 또는 동기, 그 처분행위의 거래조건이 정상적이고 이를 의심할 만한 특별한 사정이 없으며 정상적인 거래관계임을 뒷받침할 만한 객관적인 자료가 있는지 여부, 그 처분행위 이후의 정황 등 여러 사정을 종합적으로 고려하여 논리칙·경험칙에 비추어 합리적으로 판단하여야 한다(대법원 2013. 11. 28. 선고 2013다206986 판결).

따라서 대상판결 사안의 경우도 피고로서는 이 사건 주택의 매매계약이 사해행위로 인정되지 않으려면, 이 사건 주택의 매수 당시 매도인이 악의였다는 사실을 입증하거나, 정○○의 채무초과 상태 등 사해행위의 객관적 요건을 구비하였다는 것[1]에 대하여 인식하지 못하였다는 점에 대하여 객관적이고도 납득할 만한 증거 자료에 의한 입증을 하였어야 한다. 명의신탁약정 사실을 입증하는 것만으로는 부족하다. 그러나 대상사건의 경우 그와 같은 입증이 되지 않은 것으로 보이고, 오히려 정○○과 피고의 관계(사위와 장인), 이 사건 주택의 소유권이전등기 시점 등을 고려할 때, 피고의 악의 추정이 번복되기는 쉽지 않을 것으로 사료된다.

---

1 참조판례: 전득자의 '악의'라 함은 전득행위 당시 채무자와 수익자 사이의 법률행위가 채권자를 해한다는 사실, 즉, 사해행위의 객관적 요건을 구비하였다는 것에 대한 인식을 의미한다(대법원 2015. 6. 11. 선고 2014다237192 판결).

한편, 명의수탁자 명의의 등기가 무효가 아닌 경우라도, 부동산실명법 제8조 각호의 예외사유에 해당하여 명의신탁 약정까지 무효가 아닌 경우는 다르다. 이때는 명의수탁자가 명의신탁자에게 명의신탁된 부동산에 관한 소유권을 이전하더라도 사해행위가 되지 않는다(제3자에게 처분하는 경우는 별론으로 하더라도). 이 경우 명의신탁 금지의 예외가 허용되는 경우로서, 명의신탁 약정이 무효가 아니기 때문이다. 예컨대, 부부간의 명의신탁약정은 특별한 사정이 없는 한 유효하기 때문에, 명의신탁자는 명의수탁자에 대하여 신탁해지를 하고 신탁관계의 종료 그것만을 이유로 하여 소유 명의의 이전등기절차의 이행을 청구할 수 있음은 물론, 신탁해지를 원인으로 하고 소유권에 기해서도 그와 같은 청구를 할 수 있고 부동산의 명의수탁자가 신탁행위에 기한 반환의무의 이행으로서 신탁부동산의 소유권이전등기를 경료하는 행위는 기존채무의 이행으로서 사해행위를 구성하지 아니한다(대법원 2007. 4. 26. 선고 2006다79704 판결 등). (명의신탁 사례 26번 대전지방법원 서산지원 2021. 5. 13. 선고 2020가합208 판결 및 명의신탁 사례 29번 서울고등법원 2015. 8. 20. 선고 2014나60607 판결 각 참조)

25

명의수탁자가 변경된 후 새로운 명의수탁자가 이를 다시 매도한 경우에도 사해행위가 되는지 여부

(부산지방법원 2021. 5. 25. 선고 2019가단343159 판결)

[사건 개요]

이 사건 부동산은 전 소유자 H로부터 2001. 7. 12. 피고의 이모 E 명의로 소유권이전등기(2001. 7. 7. 매매 원인)가 되었다가, 2008. 11. 5. 피고의 삼촌 C 명의로 소유권이전등기(2008. 11. 4. 매매 원인)가 되었고, 다시 2018. 4. 27. 피고 명의로 소유권이전등기가(2018. 4. 27. 매매 원인, 이하 '이 사건 매매계약') 경료됨.

원고는 2017. 7. 28.부터 2018. 1. 12.까지 사이에 C에게 9,000만 원을 대여하였으나 C가 이자 지급을 연체하기 시작하자 2018. 9. 7. C를 상대로 지급명령을 신청하였고, C는 지급명령을 받고도 이의신청을 하지 않아 2019. 1. 10. 지급명령이 확정됨.

원고는 C가 채무초과 상태에서 책임재산인 이 사건 부동산을 피고에게 매도한 행위는 사해행위에 해당함을 이유로 이 사건 매매계약의 취소 등을 청구하였고, 피고는 이 사건 부동산은 피고의 외조부인 망 G가 전 소유자인 H로부터 매수하여 E에게 등기명의신탁을 하였다가 이후 C, 피고에게 각 명의신탁을 한 것으로서, E와 C 명의의 각 소유권이전등기는 부동산실명법 제4조 제2항 본문에 따라 무효이므로, 이 사건 부동산은 C의 책임재산이 아니어서 이 사건 매매계약은 사해행위로 볼 수 없다고 다툼.

[법원의 판단]

채무자가 이른바 중간생략등기형 명의신탁 또는 3자간 명의신탁 약정에 따라 명의수탁자로서 부동산에 관하여 그 명의로 소유권이전등기를 마쳤다면 부동산 실권리자명의 등기에 관한 법률 제4조 제2항 본문이 적용되어 채무자 명의의 위 소유권이전등기는 무효이므로 위 부동산은 채무자의 소유가 아니기 때문에 이를 채무자의 일반 채권자들의 공동담보에 공하여지는 책임재산이라고 볼 수 없고, 채무자가 위 부동산에 관하여 제3자와 매매계약을 체결하고 그에게 소유권이전등기를 마쳐 주었다 하더라도 그로써 채무자의 책임재산에 감소를 초래한 것이라고 할 수 없으므로 이를 들어 채무자의 일반 채권자들을 해하는 사해행위에 해당한다고 할 수 없다(대법원 2008. 9. 25. 선고 2008다41635 판결).

부동산실명법 제4조 제3항에 의하면 명의신탁약정 및 이에 따라 행하여진 등기에 의한 부동산에 관한 물권변동의 무효는 제3자에게 대항하지 못하는 것인 바, 여기서의 '제3자'라 함은 명의신탁 약정의 당사자 및 포괄승계인 이외의 자로서 명의수탁자가 물권자임을 기초로 그와의 사이에 직접 새로운 이해관계를 맺은 사람을 말한다(대법원 2007. 12. 27. 선고 2005다 54104 판결 등).

이 사건 부동산에 관하여 E 및 C 명의로 마쳐진 각 소유권이전등기는 망 G와 E 사이의 등기명의신탁과 수탁자 변경에 따른 것으로서 부동산실명 법 제4조 제2항에 따라 무효이고, C가 같은 법 제4조 제3항의 제3자에 해당하지도 않으므로, 이 사건 부동산은 C의 책임재산이라고 볼 수 없어 C가 피고와 이 사건 매매계약을 체결하고 피고에게 소유권이전등기를 마쳐 주었다 하더라도 이를 사해행위라고 할 수 없다.

[설명]

명의신탁약정 및 이에 따른 등기가 무효이므로, 이 사건의 경우 E 명의 소유권이전등기는 무효가 된다. 그리고 C의 경우는 명의신탁자인 G와의 사이에서 명의신탁관계를 E에서 C로 변경하는 새로운 명의신탁약정을 한 것으로 볼 수 있고, 명의신탁 약정의 당사자는 부동산실명제법 제4조 제3 항에서 말하는 '제3자'로 볼 수 없으므로, 같은 조 제3항에 따라 그 소유권 이전등기를 유효한 것으로 볼 수도 없다. 따라서 C 명의의 소유권이전등 기 역시 부동산실명제법 제4조 제1항 및 제2항 본문에 따라 무효가 되므로, 이 사건 부동산은 C의 책임재산으로 볼 수 없어, 이를 피고에게 매도하 였다고 하더라도 사해행위로 볼 수 없게 된다.

26

명의신탁된 부동산을 명의수탁자가 명의신탁자에게 증여하는 행위가 사해행위에 해당하는지 여부

(대전지방법원 서산지원 2021. 5. 13. 선고 2020가합208 판결)

[사건 개요]

원고는 피고 C, D에게 수산물을 외상으로 공급하고 외상 채권을 가지고 있는 채권자, 피고 C, D는 부자지간, 피고 B는 피고 C의 처임.

피고 C는 1993. 12. 20. 이 사건 아파트에 관하여 1991. 12. 24.자 매매를 원인으로 소유권이전등기를 마쳤고, 이후 피고 C는 채무초과 상태에 있던 2017. 7. 27. 피고 B에게 이 사건 아파트를 증여하는 내용의 증여계약(이하 '이 사건 증여계약')을 체결하고, 2017. 8. 4. 이 사건 증여계약을 원인으로 한 소유권이전등기를 마쳐 주었음.

원고는 이 사건 증여계약이 사해행위임을 이유로 그 취소와 피고 B명의로의 소유권이전등기의 말소를 구하는 소송을 제기하였고, 피고 B는 이 사건 아파트는 자신이 수분양자로서 그 분양대금을 부담하는 등 원래부터 자신이 실제 소유자인데, 피고 C에게 명의신탁을 하였던 것이라고 주장하며, 이 사건 증여계약은 명의신탁재산의 반환 수단에 불과하여 사해행위가 아니라는 취지로 다툼.

[법원의 판단]

부동산에 관하여 그 소유자로 등기되어 있는 자는 적법한 절차와 원인에 의하여 소유권을 취득한 것으로 추정되므로 그 등기가 명의신탁에 기한 것이라는 사실은 이를 주장하는 자에게 증명책임이 있다(대법원 2017. 12. 22. 선고 2015다29657 판결 등 참조). 이 사건에 관하여 보건대, 피고 C 명의로 마쳐진 소유권이전등기에 의하여 피고 C가 적법한 절차와 원인에 따라 이 사건 아파트 소유권을 취득한 것으로 추정되는 바, 피고 B가 제출한 증거들만으로는 이러한 추정을 뒤집고 피고 B가 피고 C에게 이 사건 아파트를 명의신탁하였다고 인정하기에 부족하며, 달리 이를 인정할 증거가 없다. 따라서 피고 C는 이 사건 증여계약에 기하여 피고 B에게 자기 소유인 이 사건 아파트를 무상양도하였다고 봄이 상당하다.

피고 C가 채무초과 상태에서 피고 B에게 자기 소유인 이 사건 아파트를 무상양도한 행위는 공동담보 부족을 심화시켜 원고 등 다른 일반채권자를 해하는 사해행위에 해당하고, 채무자인 피고 C의 사해의사 및 수익자인 피고 B의 악의는 추정되는 반면, 피고 B가 선의의 수익자에 해당한다고 인정할 증거는 없다. (원고 청구 인용)

[설명]

　부부간의 명의신탁약정은 특별한 사정이 없는 한 유효하고(부동산 실권리자명의 등기에 관한 법률 제8조 참조), 이때 명의신탁자는 명의수탁자에 대하여 신탁해지를 하고 신탁관계의 종료 그것만을 이유로 하여 소유 명의의 이전등기절차의 이행을 청구할 수 있음은 물론, 신탁해지를 원인으로 하고 소유권에 기해서도 그와 같은 청구를 할 수 있다(대법원 2016. 7. 29. 선고 2015다56086 판결). 그리고 부동산의 명의수탁자가 신탁행위에 기한 반환의무의 이행으로서 신탁부동산의 소유권이전등기를 경료하는 행위는 기존채무의 이행으로서 사해행위를 구성하지 아니한다(대법원 2007. 4. 26. 선고 2006다79704 판결 등). 따라서 위 사안에서 피고 B의 명의신탁 주장이 입증되었다면, 이 사건 증여계약은 사해행위가 되지 않는다.

　그런데, 부동산등기는 그것이 형식적으로 존재하는 것 자체로부터 적법한 등기원인에 의하여 마쳐진 것으로 추정되고, 타인에게 명의를 신탁하여 등기하였다고 주장하는 사람은 그 명의신탁 사실에 대하여 증명할 책임을 진다(대법원 2015. 10. 29. 선고 2012다84479 판결). 따라서 위 사안의 경우에도 이 사건 아파트의 등기상 피고 C가 피고 B에게 적법하게 증여한 것으로 추정되고, 증여가 아니라 명의신탁자에게 등기명의를 회복시킨 것에 불과하다는 것은 피고 B가 입증하여야 하나, 법원은 그 입증이 충분히 되지 않았다고 본 것이다.

27

명의수탁자가 채무초과 상태에서 명의신탁된 부동산을 담보로 제공할 경우 사해행위가 되는지 여부

(인천지방법원 2021. 5. 13. 선고 2020가단221609 판결)

[사건 개요]

원고는 C의 채권자이고, 피고는 C의 계모임.

피고는 2017. 1. 4. C 소유의 이 사건 부동산에 관하여 2017. 1. 3. 근저당권 설정계약(이하 '이 사건 근저당권 설정계약')을 원인으로 채권최고액 9,500만 원인 피고 명의의 근저당권설정등기를 마침.

피고의 신청으로 2019. 7. 18. 이 사건 부동산에 관하여 임의경매절차가 개시되었고, 원고는 집행권원을 소지한 채권자로서 배당요구를 하였으나, 집행법원은 피고에게 2순위로 배당하는 배당표를 작성하였고, 원고는 배당받지 못하였음. 이에 원고는 배당기일에 출석하여 피고의 배당금 중 일부(원고의 채권액)에 대하여 이의를 함.

원고는 C가 무자력 상태에서 유일한 부동산인 이 사건 부동산에 관하여 이 사건 근저당권 설정계약을 체결한 것은 사해행위에 해당하므로, 이를 취소하고 그 원상회복으로 피고의 배당액 중 원고의 채권액만큼 감액하고, 이를 원고에게 배당하여야 한다고 주장.

피고는 이 사건 부동산은 C 명의로 매수하여 명의신탁한 것으로서, 피고가 지출한 매매대금을 보전받기 위해 이 사건 근저당권 설정계약을 체결한 것으로서, 사해행위에 해당하지 않는다고 다툼.

[법원의 판단]

이미 채무초과의 상태에 빠져 있는 채무자가 그의 유일한 재산인 부동산을 채권자 중의 어느 한 사람에게 채권담보로 제공하는 행위는 다른 특별한 사정이 없는 한 다른 채권자들에 대한 관계에서 채권자취소권의 대상이 되는 사해행위가 된다고 봄이 상당하다(대법원 2007. 2. 23. 선고 2006다47301 판결 등 참조). C가 채권자 중 1인인 피고와 유일한 부동산인 이 사건 부동산에 대하여 근저당권 설정계약을 체결한 것은 특별한 사정이 없는 한 원고를 포함한 일반채권자들을 해하는 사해행위에 해당하고, 피고에게 채무자의 일반채권자들을 해하려는 의사가 있었던 것으로 추정된다.

채무자가 이른바 중간생략등기형 명의신탁 또는 3자간 명의신탁 약정에 따라 명의수탁자로서 부동산에 관하여 그 명의로 소유권이전등기를 마쳤다면 부동산 실권리자명의 등기에 관한 법률 제4조 제2항 본문이 적용되어 채무자 명의의 위 소유권이전등기는 무효이므로 위 부동산은 채무자의 소유가 아니기 때문에 이를 채무자의 일반 채권자들의 공동담보에 공하여지는 책임재산이라고 볼 수 없고, 채무자가 위 부동산에 관하여 제3자와 매매계약을 체결하고 그에게 소유권이전등기를 마쳐 주었다 하더라도 그로써 채무자의 책임재산에 감소를 초래한 것이라고 할 수 없으므로 이를 들어 채무자의 일반 채권자들을 해하는 사해행위에 해당한다고 할 수 없다(대법원 2008. 9. 25. 선고 2008다41635 판결).

그러나 명의신탁자와 명의수탁자가 이른바 계약명의신탁 약정을 맺고 명의수탁자가 당사자가 되어 명의신탁 약정이 있다는 사실을 알지 못하는 소유자와 부동산에 관한 매매계약을 체결한 후 그 매매계약에 따라 당해 부동산의 소유권이전등기를 명의수탁자 명의로 마친 경우에는, 명의신탁자와 명의수탁자 사이의 명의신탁 약정의 무효에도 불구하고 부동산 실권리자명의 등기에 관한 법률 제4조 제2항 단서에 의하여 그 명의수탁자는 당해 부동산의 완전한 소유권을 취득하게 되고, 다만 명의신탁자에 대하여 그로부터 제공받은 매수자금 상당액의 부당이득반환의무를 부담하게 되는 바, 위와 같은 경우에 명의수탁자가 취득한 부동산은 채무자인 명의수탁자의 일반 채권자들의 공동담보에 제공되는 책임재산이 되고, 명의신탁자는 명의수탁자에 대한 관계에서 금전채권자 중 한 명에 지나지 않으므로, 명의수탁자의 재산이 채무의 전부를 변제하기에 부족한 경우 명의수탁자가 위 부동산을 명의신탁자 또는 그가 지정하는 자에게 양도하는 행위는 특별한 사정이 없는 한 다른 채권자의 이익을 해하는 것으로서 다른 채권자들에 대한 관계에서 사해행위가 된다(대법원 2008. 9. 25. 선고 2007다74874 판결).

C와 피고 사이의 명의신탁약정은 계약명의신탁에 해당하고, 나아가 피고가 매매대금을 부담하였다거나 위 매매계약서의 매수인란에 피고의 전화번호를 기재하였다는 사정만으로는 F가 피고와 C 사이의 명의신탁 사실을 알고 있었다고 인정하기 부족하고, 달리 이를 인정할 증거가 없으므로, 결국 이 사건 부동산에 관한 C 명의의 소유권이전등기는 매매계약 상대방인 F가 명의신탁 약정이 있다는 사실을 알지 못한 경우에 해당하여 그대로 유효하다. 따라서 피고와 C 사이의 명의신탁이 3자간 등기명의신탁에 해당함을 전제로 이 사건 부동산이 C의 책임재산에 해당하지 않는다는 피고의 주장은 이유 없다.

　근저당권설정계약을 사해행위로서 취소하는 경우 경매절차가 진행되어 타인이 소유권을 취득하고 근저당권설정등기가 말소되었다면 원물반환이 불가능하므로 가액배상의 방법으로 원상회복을 명할 것인 바, 이미 배당이 종료되어 수익자가 배당금을 수령하였다면 수익자로 하여금 배당금을 반환하도록 명하여야 하고, 배당표가 확정되었으나 채권자의 배당금지급금지가처분으로 인하여 수익자가 배당금을 현실적으로 지급받지 못한 경우에는 배당금지급채권의 양도와 그 채권양도의 통지를 명할 것이나, 채권자가 배당기일에 출석하여 수익자의 배당 부분에 대하여 이의를 하였다면 그 채권자는 사해행위취소의 소와 병합하여 원상회복으로서 배당이의의 소를 제기할 수 있다고 할 것이고, 다만 이 경우 법원으로서는 배당이의의 소를 제기한 당해 채권자 이외의 다른 채권자의 존재를 고려할 필요 없이 그 채권자의 채권이 만족을 받지 못한 한도에서만 근저당권설정계약을 취소하고 그 한도에서만 수익자의 배당액을 삭제하여 당해 채권자의 배당액으로 경정하여야 한다(대법원 2004. 1. 27. 선고 2003다6200 판결).

[설명]

명의수탁자가 채무초과 상태에서 명의신탁 부동산을 담보로 제공하거나 매매하는 경우 사해행위가 성립하는가의 여부는 결국 그 부동산이 명의수탁자의 소유로서 채권자들의 공동담보에 제공되는 채무자의 책임재산에 속하는 것이었는지에 달려 있다. 즉, 명의수탁자의 처분 당시 해당 부동산의 소유권이 누구에게 귀속되어 있었는가가 핵심이다.

이에 따라 법원은 부동산에 관하여 부동산 실권리자명의 등기에 관한 법률 제4조 제2항 본문이 적용되어 명의수탁자인 채무자 명의의 소유권이전등기가 무효인 경우(양자간 명의신탁, 중간생략등기형 명의신탁, 매도인이 악의인 계약명의신탁 등)에는 그 부동산은 채무자의 소유가 아니기 때문에 이를 채무자의 일반 채권자들의 공동담보에 제공되는 책임재산이라고 볼 수 없으므로, 이를 처분하더라도 이를 두고 채무자의 일반 채권자들을 해하는 사해행위라고 할 수 없으며, 채무자에게 사해의 의사가 있다고 볼 수도 없다는 입장이다(위 대법원 2008다41635 판결, 대법원 2012. 8. 23. 선고 2012다45184 판결 등). 이에 반해 계약명의신탁의 경우로서 매도인이 선의인 경우에는 명의수탁자가 소유권을 취득하므로, 그 부동산을 담보로 제공하거나 매도하는 경우 사해행위에 해당한다고 판단하고 있다(위 대법원 2007다74874 판결).

28

채무자인 명의자가 새로운 명의신탁약정에 따라 소유권이 전등기를 해 준 것이 사해행위에 해당하는지 여부

(전주지방법원 정읍지원 2021. 5. 18. 선고 2020가단11221 판결)

[사건 개요]

원고는 E의 채권자이고, E와 피고 B는 피고 C의 자녀임.

이 사건 각 부동산(대지 및 건물)은 1997. 7. 3.부터 피고 C의 소유였다가 2007. 8. 30.부터 2011. 3. 13.까지 피고 C의 지인 F 소유 명의로 등기가 되어 있었음. 이후 이 사건 각 부동산의 소유권은 피고 C의 자녀인 G, E를 거쳐 피고 B에게 이전되었음. 이후 피고 C의 다른 자녀들인 H, G명의로 소유권이전청구권가등기가 경료되었다가 말소되었고, 피고 B 명의의 소유권이전등기가 경료된 직후에는 피고 C 명의의 소유권이전청구권가등기가 경료되었음. [피고 C → F → G → E(채무자) → 피고 B순으로 소유권이전]

원고는 채무자 E와 피고 B 사이에 이 사건 각 부동산에 관하여 2019. 3. 22. 체결된 매매계약이 사해행위임을 이유로 그 취소 및 소유권이전등기의 말소를 구함.

피고 B, C는 이 사건 각 부동산은 피고 C가 E에게 명의신탁한 재산이므로, E가 이를 다시 B에게 이전하였다고 하여 이를 원고에 대한 관계에서 사해행위라고 할 수 없다고 다툼.

[법원의 판단]

피고 C는 이 사건 각 부동산을 F에게 명의신탁하였다가 자녀들인 G, E, B와 차례로 새로운 명의신탁약정을 하고, 기존 명의수탁자로 하여금 새로운 명의수탁자에게 소유권이전등기를 해 주도록 한 것이라고 봄이 타당하다.

위와 같은 피고 C의 F, G, E, B와 사이의 명의신탁약정은 부동산 실권리자명의 등기에 관한 법률 제4조 제1항에 의하여 무효이고, 위 명의신탁약정에 따라 이루어진 F, G, E, B 명의의 소유권이전등기도 부동산실명법 제4조 제2항 본문에 따라 무효이다.

위와 같이 부동산실명법 제4조 제2항 본문이 적용되어 명의수탁자인 채무자 명의의 소유권이전등기가 무효인 경우에는 그 부동산은 채무자의 소유가 아니기 때문에 이를 채무자의 일반 채권자들의 공동담보에 공하여지는 책임재산이라고 볼 수 없고, 채무자가 명의신탁자의 요청으로 새로운 명의수탁자에게 위 부동산에 관한 소유권이전등기를 마쳐 주었다 하더라도 그로써 채무자의 책임재산에 감소를 초래한 것이라고 할 수 없으므로 이를 들어 채무자의 일반 채권자들을 해하는 사해행위라고 할 수 없으며, 채무자에게 사해의 의사가 있다고 볼 수도 없다(대법원 2000. 3. 10. 선고 99다55069 판결). (원고 청구 기각)

[설명]

명의수탁자가 명의신탁된 부동산을 처분하는 행위가 사해행위에 해당하는지 여부는 결국 명의수탁자가 그 부동산의 소유권을 보유하고 있었는지에 달려 있다. 따라서 부동산에 관하여 부동산 실권리자명의 등기에 관한 법률 제4조 제2항 본문이 적용되어 명의수탁자인 채무자 명의의 소유권이전등기가 무효인 경우에는 그 부동산은 채무자의 소유가 아니기 때문에 이를 채무자의 일반 채권자들의 공동담보에 제공되는 책임재산이라고 볼 수 없으므로, 채무자가 위 부동산에 관하여 제3자와 매매계약을 체결하고 그에게 소유권이전등기를 마쳐 주었다고 하더라도 사해행위라고 할 수 없으며, 채무자에게 사해의 의사가 있다고 볼 수도 없다(대법원 2008. 9. 25. 선고 2007다74874 판결).

이에 반하여 매도인이 선의인 계약명의신탁의 경우에는 부동산 실권리자명의 등기에 관한 법률 제4조 제2항 단서에 의하여 그 명의수탁자는 당해 부동산의 완전한 소유권을 취득하게 되어 명의수탁자가 취득한 부동산은 채무자인 명의수탁자의 일반 채권자들의 공동담보에 제공되는 책임재산이 되므로, 명의수탁자의 재산이 채무의 전부를 변제하기에 부족한 경우 명의수탁자가 위 부동산을 명의신탁자 또는 그가 지정하는 자에게 양도하는 행위는 특별한 사정이 없는 한 다른 채권자의 이익을 해하는 것으로서 다른 채권자들에 대한 관계에서 사해행위가 된다(위 대법원 2007다74874 판결). 대상판결 사안의 경우 양자간 명의신탁인 경우로 피고 C와 지인 F, 그 자녀들과 사이의 각 명의신탁약정과 이에 기한 소유권이전등기는 모두 무효이다. 이 사건 각 부동산은 피고 C의 소유이기 때문에, 원고의 채무자인 E의 책임재산이라고 볼 수 없고, 따라서 명의수탁자인 E와 피고 B 사이의 매매계약은 사해행위가 되지 않는다.

29

명의신탁자가 배우자에게 명의신탁한 부동산을 채무초과 상태에서 처분한 경우 사해행위가 되는지 여부

(서울고등법원 2015. 8. 20. 선고 2014나60607 판결)

[사건 개요]

원고는 C에게 2009. 12. 21. 1억 원을 변제기 12개월 후, 이자 연 9.6%로 정하여, 2010. 1. 7. 2억 5천만 원을 변제기 30개월 후, 이자 연 6.5%로 정하여 각 대여함.

C는 2010. 9. 27. D에게 3억 5천만 원에 관한 현금보관증을 작성하여 주었음.

원고와 D는 C를 상대로 서울서부지방법원 2012가합8918호로 위 대여금과 보관금 및 각 그에 대한 지연손해금을 구하는 소를 제기하여 2012. 11. 16. 위 법원으로부터 승소판결을 받았고, 위 판결은 그 무렵 확정됨.

D는 2013. 6. 12. C에 대한 위 보관금 채권을 원고에게 양도한 후 2013.

6. 13. C에게 채권양도통지서를 발송하였고, 위 통지서는 그 무렵 C에게 송달됨.

E(1981년경 C와 혼인하였고, 2013. 4.경 이혼함.)는 대전지방법원 당진등기소 2010. 8. 5. 별지 목록 기재 1. 부동산(이하 '이 사건 토지')에 관한 소유권이전등기를 마쳤고, 2010. 10. 28. 별지 목록 기재 2. 부동산(이하 '이 사건 건물')에 관한 소유권보존등기를 마침.

F의 배우자인 피고는 2012. 7. 11. 이 사건 토지 및 건물에 관하여 2012. 7. 6.자 매매를 원인으로 한 소유권이전등기를 마침.

원고는 C가 이 사건 토지를 매수하여 그의 배우자였던 E의 명의로 소유권이전등기를 마친 후 이 사건 토지에 이 사건 건물을 신축하였고, 이 사건 건물 또한 E의 명의로 소유권보존등기를 마쳤는데, C가 채무초과 상태에서 피고의 대리인 F와 사이에 자신의 유일한 재산으로서 E에게 명의신탁하여 둔 이 사건 토지 및 건물에 관한 매매계약을 체결한 것이므로, 위 매매계약은 사해행위에 해당함을 이유로 매매계약의 취소 및 원상회복(가액배상)을 구함.

[법원의 판단]

부부의 일방이 혼인 중 그의 단독 명의로 취득한 재산은 그 명의자의 특유재산으로 추정되는 것(대법원 2007. 4. 26. 선고 2006다79704 판결)이나, 위 기초사실과 … 중략 … ① C가 원고와 D로부터 합계 7억 원을 차용한 후 그 돈으로 이 사건 토지를 매수하고 이 사건 건물을 건축한 것으로 보이는 점, ② 이 사건 토지의 매수 및 이 사건 건물의 신축과 관련된 일은 전적으로 C가 담당한 점 … 중략 … ⑤ 피고 자신도 당초 2013. 9. 1.2자 준비서면에서는 이 사건 토지 및 건물을 E 명의로 취득한 C로부터 이 사건 토지 및 건물을 매수하였음을 인정하였던 점 등을 종합하면, C가 이 사건 토지 및 건물의 실질적 소유자로서 처인 E와의 묵시적 명의신탁약정에 의하여 이 사건 토지에 관하여 E 명의로 취득하고 이 사건 건물에 관하여 E 명의로 건축허가를 받은 다음 이 사건 건물에 관하여 E 명의로 소유권보존등기를 마친 것이라고 봄이 타당하다.

부부간의 명의신탁약정은 특별한 사정이 없는 한 유효하고(부동산 실권리자명의 등기에 관한 법률 제8조 참조), 명의신탁자는 명의수탁자에 대하여 신탁해지를 하고 신탁관계의 종료 그것만을 이유로 하여 소유 명의의 이전등기절차의 이행을 청구할 수 있음은 물론, 신탁해지를 원인으로 하고 소유권에 기해서도 그와 같은 청구를 할 수 있는 바, C가 처인 E에게 명의를 신탁한 이 사건 토지 및 건물은 신탁자인 C의 일반채권자들의 공동담보에 제공되는 책임재산이 된다.

C가 이 사건 매매계약을 체결한 2012. 7. 6.경 원고와 D에 대한 채무 7억 원 상당을 부담하고 있던 사실은 위 기초사실에서 본 바와 같고, 갑 제4호증의 기재에 변론 전체의 취지를 보태어 보면 C는 2012. 7. 6.경 이 사건 토지 및 건물 이외에 별다른 재산이 없었던 사실을 인정할 수 있으며, 앞서

판단했듯이 이 사건 토지 및 건물은 명의신탁자인 C의 소유로서 명의신탁자의 일반채권자들의 공동담보에 제공되는 책임재산이 되므로 C가 실질적인 당사자가 되어 이 사건 토지 및 건물을 매각하여 소비하기 쉬운 금전으로 바꾼 행위는 특별한 사정이 없는 한 신탁자의 일반채권자들을 해하는 행위로서 사해행위에 해당한다.

[설명]

부동산 실권리자명의 등기에 관한 법률 제8조에 의할 때, 부부간 명의신탁은 특별한 사정이 없는 한 유효하고, 부동산의 명의수탁자가 신탁행위에 기한 반환의무의 이행으로서 명의신탁자에게 신탁부동산의 소유권이전등기를 경료하는 행위는 기존채무의 이행으로서 사해행위를 구성하지 않는다(대법원 2007. 4. 26. 선고 2006다79704 판결). 그러나 대상판결 사안의 경우처럼, 명의신탁자가 채무초과 상태에서 명의신탁한 부동산을 제3자에게 처분하는 경우는 기존채무의 이행으로 보기도 어렵고, 명의신탁자의 일반채권자들에 대하여 사해행위가 성립될 수 있다.

부부간 명의신탁과 같이 명의신탁 약정이 유효한 경우에는 명의신탁자가 명의신탁관계의 종료 자체 또는 명의신탁해지를 원인으로 한 소유권에 기해 명의수탁자에 대하여 소유 명의의 이전등기절차의 이행을 청구할 수 있으므로, 명의신탁관계가 종료된 경우 명의신탁자의 명의수탁자에 대한 소유권이전등기청구권은 신탁자의 일반채권자들에게 공동담보로 제공되는 책임재산이 된다(대법원 2016. 7. 29. 선고 2015다56086 판결 참조, 위 대법원 판결은 대상판결의 상고심 판결이다. 대상판결은 이 사건 토지 및 건물이 신탁자인 C의 일반채권자들의 공동담보에 제공되는 책임재산이라고 보았으나, 상고심은 위 부동산 자체가 아니라 소유권이전등기청구권이 책임재산이라고 판단하였다.).

그런데, 명의신탁자가 명의신탁약정을 해지함을 전제로 신탁된 부동산을 제3자에게 직접 처분하여 소유권이전등기를 마쳐 준 경우 이로 인해 명의신탁자의 책임재산인 명의수탁자에 대한 소유권이전등기청구권이 소멸하게 되고, 결국 그의 소극재산이 적극재산을 초과하게 되거나 채무초과 상태가 더 나빠지게 된다. 따라서 명의신탁자인 C가 그러한 사실을 인식하면서도 이 사건 토지 및 건물을 피고에게 매도하였다면, 이는 C의 일반채권자들을 해하는 행위로서 사해행위에 해당하게 된다.

30

계약명의신탁이 된 부동산을 명의수탁자가 명의신탁자의 지시로 매도한 행위가 사해행위가 되는지 여부

(울산지방법원 2021. 10. 28. 선고 2019가단111782 판결)

[사건 개요]

원고는 2013. 8. 29. 경부터 같은 해 9. 4. 경까지 C에게 1억 원 상당을 대여하였고, 2016. 6. 23. C에게 추가로 5,000만 원을 대여하면서, C와 사이에 '대여금 합계 1억 5,000만 원에 대하여 변제기를 2018. 6. 22.로, 이자 월 230만 원(연 18.4%)을 매월 20일에 각 지급하기로' 하는 내용의 차용증을 작성함.

C는 2013. 12. 9. 및 2014. 6. 11. 이 사건 각 부동산을 매수하면서 D와 명의신탁약정을 하고 이 사건 각 부동산에 관하여 D 명의로 소유권이전등기를 경료함.

C는 D에게 이 사건 각 부동산에 관하여 자신의 아들인 피고 명의로 등기를 넘겨 달라고 하였고, D는 피고에게 이 사건 각 부동산에 관하여 2017. 1. 3.자 매매를 원인으로 한 소유권이전등기를 경료함.

원고는 D가 C의 지시로 피고에게 이 사건 각 부동산의 명의를 넘겨준 행위는 실질적으로 C와 피고 사이에 매매계약을 체결한 것으로 보아야 하고, 채무초과 상태에 있던 C가 일반 채권자들에 대한 책임재산인 D에 대한 부당이득반환 채권의 변제 목적으로 돌려받아야 하는 부동산을 피고에게 매매로 처분한 행위는 일반 채권자의 공동담보를 해하는 사해행위에 해당함을 이유로, C와 피고 사이의 이 사건 각 부동산에 관한 2017. 1. 3.자 매매계약의 취소 및 원상회복을 구함.

[법원의 판단]

부동산 실권리자명의 등기에 관한 법률 제4조 제1항, 제2항에 의하면 이른바 계약명의신탁약정에 따라 수탁자가 당사자가 되어 명의신탁약정이 있다는 사실을 알지 못하는 소유자와의 사이에 부동산에 관한 매매계약을 체결한 후 그 매매계약에 따라 수탁자 명의로 소유권이전등기를 마친 경우에는 신탁자와 수탁자 사이의 명의신탁약정의 무효에도 불구하고, 수탁자는 당해 부동산의 완전한 소유권을 취득하게 되고, 다만 수탁자는 신탁자에 대하여 매수대금 상당의 부당이득반환의무를 부담하게 된다(대법원 20201. 10. 14. 선고 2007다90432 판결 등 참조).

그리고 이와 같이 신탁자가 수탁자에 대하여 부당이득반환채권만을 가지는 경우에는 그 부동산은 신탁자의 일반채권자들의 공동담보에 제공되는 책임재산이라고 볼 수 없고, 신탁자가 위 부동산에 관하여 제3자와 매매계약을 체결하는 등 신탁자가 실질적인 당사자가 되어 처분행위를 하고 소유권이전등기를 마쳐주었다고 하더라도 그로써 신탁자의 책임재산에 감소를 초래한 것이라고 할 수 없으므로, 이를 들어 신탁자의 일반채권자들을 해하는 사해행위라고 할 수 없다(대법원 2013. 9. 12. 선고 2011다89903 판결 참조). (원고 주장대로 부동산실명법 제4조 제2항에 따라 이 사건 각 부동산에 관한 물권변동이 유효하여 C가 D에게 매매대금 상당의 부당이득반환청구권을 가지게 되는 경우라면, 이 사건 부동산은 신탁자의 일반채권자들의 공동담보에 제공되는 책임재산이라고 볼 수 없음. 원고의 청구 기각)

[설명]

명의신탁된 부동산을 처분하는 행위가 사해행위가 되는지 여부에 대하여 법원은 그 부동산의 소유권이 누구에게로 귀속되어 있는지 여부에 따라 판단하고 있다. 예컨대, 부동산 실권리자명의 등기에 관한 법률 제4조 제2항 본문이 적용되어 명의수탁자 명의의 소유권이전등기가 무효인 경우에는 그 부동산은 명의수탁자의 소유가 아니므로, 명의수탁자의 일반 채권자들의 공동담보에 제공되는 책임재산이라고 볼 수 없다(대법원 2007. 12. 27. 선고 2005다54104 판결 등). 이에 반하여 계약명의신탁 약정사실을 알지 못하는 소유자와 부동산에 관한 매매계약을 체결한 후 그 매매계약에 따라 당해 부동산의 소유권이전등기를 명의수탁자 명의로 마친 경우 즉, 부동산 실권리자명의 등기에 관한 법률 제4조 제2항 단서가 적용되는 경우에는 명의수탁자는 당해 부동산의 완전한 소유권을 취득하게 되므로, 그 부동산은 명의신탁자의 일반채권자들의 공동담보에 제공되는 책임재산이라고는 볼 수 없고(대법원 2013. 9. 12. 선고 2011다89903 판결),

명의수탁자의 일반 채권자들의 공동담보에 제공되는 책임재산이 된다(대법원 2008. 9. 25. 선고 2007다74874 판결).

대상판결 사안의 경우 C와 D가 이 사건 각 부동산에 관하여 계약명의신탁을 한 경우이고, 매도인이 선의인 경우라면, 이 사건 각 부동산은 신탁자인 C의 일반 채권자들의 공동담보에 제공되는 부동산이 아니므로, 수탁자인 D가 이 사건 각 부동산을 매도하더라도 C의 일반 채권자들에 대하여는 사해행위가 되지 않는다. 따라서 매도인이 선의인 한 원고의 이 사건 사해행위 취소청구는 인용될 가능성이 없다.

다만, 이 사건 원고로서는 다음과 같은 방식으로 법리구성을 해 보았다면 어떨까하는 아쉬움이 남는다. 신탁자와 수탁자 사이에 신탁자의 지시에 따라 부동산의 소유 명의를 이전하기로 약정하였더라도 이는 명의신탁약정이 유효함을 전제로 명의신탁 부동산 자체의 반환을 구하는 범주에 속하는 것에 해당하여 역시 무효이다(대법원 2006. 11. 9. 선고 2006다35117 판결, 대법원 2013. 9. 12. 선고 2011다89903 판결 등). 더구나 이 사건의 경우 D는 신탁자인 C의 지시로 매매형식을 빌려 C의 아들인 피고 명의로 이 사건 각 부동산에 관한 소유권이전등기를 경료한 것으로서, 사실상 명의수탁자를 D에서 피고로 변경하는 수탁자 변경에 지나지 않는 것으로 의심된다. 그리고 만약 수탁자 변경에 지나지 않는다고 하면, 피고는 명의수탁자와 사이에 직접 새로운 이해관계를 맺은 사람으로 볼 수도 없어서 부동산실명법 제4조 제3항의 '제3자'에도 포함되지 않으므로(대법원 2007. 12. 27. 선고 2005다54104 판결), 피고 명의의 소유권이전등기도 무효이고, 피고는 이 사건 각 부동산에 관한 소유권을 취득하지 못하게 된다. 즉, 이 사건 각 부동산의 소유권은 여전히 D에게 있다.

한편, 신탁자인 C는 D에 대하여 매매대금 상당의 부당이득채권을 가지고 있고, C가 무자력인 경우 C의 채권자인 원고는 C를 대위하여 D에 대하여 매매대금 상당의 부당이득을 원고에게 반환할 것을 청구할 수 있다(D는 C의 지시로 이 사건 각 부동산의 소유명의를 피고에게 이전함으로써 사실상 부당이득반환의무를 이행한 것이라고 주장할지 모르나, 위에서 살펴본 바와 같이 피고 명의의 소유권이전등기는 무효이므로, D는 여전히 C에 대하여 부당이득반환의무를 진다.). 위와 같은 상태에서 우선 D에 대한 판결을 받은 다음 D가 이 사건 각 부동산과 관련하여 피고에 대하여 가지는 소유권이전등기 말소등기청구권에 대한 채권압류 및 전부명령을 받거나, 채권자는 채무자의 물권적 청구권도 대위 행사할 수 있으므로(대법원 1966. 9. 27. 선고 66다1334 판결), 아예 원고가 D가 피고에 대하여 가지는 소유권이전등기말소청구권을 대위 행사하는 방법도 고민해 볼 수 있다.

또 다른 방법으로는 위와 같은 상태에서 D가 C의 지시로 C의 아들인 피고에게 이 사건 각 부동산의 소유명의를 이전한 것은 강제집행면탈행위(은닉)에 해당하는 불법행위에 해당할 수 있고, 따라서 D와 피고는 공동불법행위자로서 원고에게 손해배상책임을 지는 것으로 볼 여지가 있게 된다. 이러한 손해배상채권에 기하여 이 사건 각 부동산에 가압류를 하고, 피고에 대하여는 손해배상청구를 하는 방법을 고민해 볼 필요가 있다.

31

피상속인에게 명의신탁한 것을 상속재산분할협의로 취득하였다고 주장하였으나, 사해행위에 해당한다고 본 사례

(서울서부지방법원 2021. 5. 4. 선고 2019가단244266 판결)

[사건 개요]

원고는 C를 상대로 지급명령신청을 하여 2018. 4. 28. 2억 원 및 지연손해금을 지급하라는 지급명령이 확정되었음(2019. 9. 16. 기준 미지급 원리금은 165,211,843원).

C의 부친인 E는 2004. 4. 이 사건 부동산을 분양받아 소유권보존등기를 마쳤고, 2019. 3. 31. 사망하였는데, 그 상속인인 배우자 피고, 자녀 C(채무자), F, G는 이 사건 부동산을 피고가 단독으로 상속하는 내용의 상속재산분할협의를 하고, 피고는 협의분할에 의한 상속을 원인으로 소유권이전등기를 함.

원고는 위 상속재산분할협의가 사해행위임을 이유로 이를 취소하고, C의 법정상속지분(2/9)에 관한 소유권이전등기의 말소를 구함.

피고는 피상속인 E에게 이 사건 부동산을 명의신탁하였다는 점과 기여분 주장을 함.

[법원의 판단]

상속재산의 분할협의는 상속이 개시되어 공동상속인 사이에 잠정적 공유가 된 상속재산에 대하여 그 전부 또는 일부를 각 상속인의 단독소유로 하거나 새로운 공유관계로 이행시킴으로써 상속재산의 귀속을 확정시키는 것으로 그 성질상 재산권을 목적으로 하는 법률행위이므로 사해행위취소권 행사의 대상이 될 수 있고, 한편 채무자가 자기의 유일한 재산인 부동산을 매각하여 소비하기 쉬운 금전으로 바꾸거나 타인에게 무상으로 이전하여 주는 행위는 특별한 사정이 없는 한 채권자에 대하여 사해행위가 되는 것이므로, 이미 채무초과 상태에 있는 채무자가 상속재산의 분할협의를 하면서 자신의 상속분에 관한 권리를 포기함으로써 일반 채권자에 대한 공동담보가 감소한 경우에도 원칙적으로 채권자에 대한 사해행위에 해당한다(대법원 2007. 7. 26. 선고 2007다29119 판결 등 참조). 앞서 본 인정사실에 의하면, C가 2019. 3. 31. 자신의 사실상 유일한 재산인 이 사건 부동산의 법적상속분에 해당하는 지분(2/9 지분)을 상속재산분할협의의 방법으로 피고에게 양도한 행위는 특별한 사정이 없는 한 원고를 비롯한 다른 채권자들에 대한 관계에서 사해행위에 해당하고, 채무자인 C로서는 그로 인하여 공동담보의 부족을 초래하여 자신의 일반채권자들을 해하게 된다는 점을 알았다 할 것이고, 특별한 사정이 없는 한 수익자인 피고 역시 이러한 사정을 알고 있었다고 추정된다.

부부의 일방이 혼인 중 단독 명의로 취득한 부동산은 그 명의자의 특유재산으로 추정되므로, 다른 일방이 그 실질적인 소유자로서 편의상 명의신탁한 것이라고 인정받기 위해서는 자신이 실질적으로 당해 재산의 대가를 부담하여 취득하였음을 증명하여야 하고, 단지 그 부동산을 취득함에 있어서 자신의 협력이 있었다거나 혼인 생활에 있어서 내조의 공이 있었다는 것만으로는 위 추정이 번복되지 아니한다(대법원 1998. 12. 22. 선고 98두15177 판결 등 참조). 을 제1-2, 5-11호증의 각 기재만으로는 이 사건 부동산을 취득함에 있어 실질적으로 피고가 그 대가를 모두 부담하였고 단지 등기명의만을 E에게 신탁하였다는 점을 인정하기에 부족하고 달리 이를 인정할 만한 증거가 없다.

지정상속분이나 기여분, 특별수익 등의 존부로 인하여 구체적 상속분이 법정상속분과 다르다는 사정은 이를 주장하는 사람이 증명하여야 하며, 기여분의 산정은 공동상속인들의 협의에 의하여 정하도록 되어 있고, 협의가 되지 않거나 협의할 수 없는 때에는 기여자의 신청에 의하여 가정법원이 심판으로 이를 정하도록 되어 있으며, 기여분이 결정되기 전에는 사해행위취소 소송의 피고는 상속재산에 대한 자신의 기여분을 주장할 수 없다고 할 것이다(대법원 2014. 1. 23. 선고 2012다55631 판결 참조).

[설명]

상속재산의 분할협의 역시 재산권을 목적으로 하는 법률행위이므로 사해행위취소권 행사의 대상이 되고, 법정상속인 중 1인이 채무초과 상태에서 상속재산 분할협의를 하면서 자신의 일반채권자에 대한 공동담보를 감소시키는 내용의 분할협의를 하는 것은 사해행위가 될 수 있다[이에 반하여 상속포기는 사해행위취소의 대상이 되지 않는다. (대법원 2011. 6. 9. 선고 2011다29307 판결)]. 다만, 부부간 명의신탁약정과 같이 유효한 명의신탁의 경우 명의신탁자는 명의수탁자에 대하여 신탁해지를 하고 신탁관계의 종료 그것만을 이유로 하여 소유 명의의 이전등기절차의 이행을 청구할 수 있음은 물론, 신탁해지를 원인으로 하고 소유권에 기해서도 그와 같은 청구를 할 수 있고(대법원 2016. 7. 29. 선고 2015다56086 판결), 부동산의 명의수탁자가 신탁행위에 기한 반환의무의 이행으로서 신탁부동산의 소유권이전등기를 경료하는 행위는 기존채무의 이행으로서 사해행위를 구성하지 아니한다(대법원 2007. 4. 26. 선고 2006다79704 판결 등). 따라서 위 사안에서 피고가 배우자인 피상속인에게 이 사건 부동산을 명의신탁한 것이었다는 주장이 입증된다면, 이 사건 상속재산분할협의는 사해행위가 되지 않는다고 판단될 여지가 있다.

그런데, 법원은 부부의 일방이 혼인 중 단독 명의로 취득한 부동산의 경우 특유재산 추정(민법 제830조 제1항)을 번복하기 위해서는 다른 일방 배우자가 실제로 당해 부동산의 대가를 부담하여 그 부동산을 자신이 실질적으로 소유하기 위해 취득하였음을 증명하여야 하므로, 단순히 다른 일방 배우자가 그 매수자금의 출처라는 사정만으로는 무조건 특유재산의 추정이 번복되어 당해 부동산에 관하여 명의신탁이 있었다고 볼 것은 아니라고 판단(대법원 2008. 9. 25. 선고 2006두8068 판결)함으로써, 매우 엄격한 입증을 요구하고 있다. 대상판결 사안의 경우에도 법원은 분양대금 중 일부를 피고가 부담한 사실이 있기는 하지만, 그 외 피상속인과 그의 자녀들도 공동으로 부담한 것으로 보이는 등의 사정을 고려할 때 그 입증이 부족하다고 판단한 것이다.

32

종중이 피상속인에게 명의신탁한 부동산에 관한 상속재산 분할협의가 사해행위 대상에 포함되는지 여부

(수원지방법원 여주지원 2021. 5. 4. 선고 2020가단59531 판결)

[사건 개요]

원고(대한민국)는 B에 대하여 2005. 2. 28.부터 2009. 12. 31.까지 성립한 572,949,660원의 국세채권을 가지고 있고, B는 2018. 10. 17. 당시 적극재산이 없었음.

B의 부친 C는 2018. 5. 15. 사망하였는데, C의 상속인들인 처 및 B와 피고를 포함한 자녀들은 2018. 10. 17. 이 사건 각 부동산을 피고가 소유하기로 하는 상속재산분할협의(이하 '이 사건 상속재산분할협의')를 하고, 같은 달 18. 협의분할에 의한 상속을 원인으로 소유권이전등기를 마침.

원고는 B가 이 사건 상속재산분할협의 당시 적극재산이 없고, 원고에 대한 조세채무 등을 부담하고 있는 상태에서 유일한 재산인 상속지분을 피고에게 모두 이전하였으므로, 이 사건 상속재산분할협의는 사해행위에 해당한다는 이유로 그 취소 및 원상회복을 구함.

피고는 이 사건 각 부동산 중 일부는 종중이 명의신탁한 재산이므로, 상속재산이 아니라고 다툼.

[법원의 판단]

B가 채무초과 상태에서 자신의 유일한 재산인 상속지분을 피고에게 모두 이전하였으므로, 이 사건 상속재산분할협의는 채권자인 원고에 대하여 사해행위에 해당하고, B의 사해의사는 추정된다. 원고는 이 사건 상속재산분할협의에 관하여 수익자인 피고를 상대로 채권자취소권을 행사하고 그 원상회복을 구할 수 있다.

피고 주장대로 종중이 C에게 토지를 명의신탁하였다고 하더라도 부동산 실권리자명의 등기에 관한 법률 제8조에 따라 종중이 조세 포탈, 강제집행의 면탈 또는 법령상의 제한을 회피할 목적으로 하지 아니하는 경우 종원 등에게 부동산을 명의신탁하는 것은 유효한데, 명의신탁이 유효하다면 대외적으로 소유권은 명의수탁자에게 귀속하므로, 종중이 명의신탁한 재산이라는 이유만으로 상속재산이 아니라고 볼 수 없다.

피고가 B와 체결한 상속재산분할협의는 사해행위로서 취소되어야 하고, 원상회복으로 피고는 B에게 B의 상속지분인 2/15에 관하여 진정명의회복을 원인으로 한 소유권이전등기절차를 이행할 의무가 있다.

[설명]

관할 세무서장은 강제징수를 할 때 납세자가 국세의 징수를 피하기 위하여 한 재산의 처분이나 그 밖에 재산권을 목적으로 한 법률행위에 대하여 신탁법 제8조 및 민법 제406조·제407조를 준용하여 사해행위(詐害行爲)의 취소 및 원상회복을 법원에 청구할 수 있다(국세징수법 제25조). 즉, 조세채권의 보전을 위하여 제기한 사해행위 취소소송도 그 행사의 방법·당사자·취소요건 및 행사의 효과 등은 모두 민법의 규정과 법리에 따르게 된다(대전고등법원 2005. 10. 13. 선고 2005나1825 판결).

한편, 이미 채무초과 상태에 있는 채무자가 상속재산의 분할협의를 하면서 자신의 상속분에 관한 권리를 포기함으로써 일반 채권자에 대한 공동담보가 감소한 경우에도 원칙적으로 채권자에 대한 사해행위에 해당한다(대법원 2007. 7. 26. 선고 2007다29119 판결 등 참조). 따라서 위 대상판결 사안에서 국세채무인 B가 다른 공동상속인들과 사이에 이 사건 각 부동산과 관련하여 자신의 상속분에 관한 권리를 포기하는 상속재산분할협의를 한 것은 사해행위에 해당하게 된다.

그리고 종중이 명의신탁을 한 경우(부동산 실권리자명의 등기에 관한 법률 제8조)와 같이 명의신탁이 유효한 경우에도 외부적으로는 수탁자만이 소유자로서 유효하게 권리를 행사할 수 있으므로, 명의수탁자는 신탁재산을 유효하게 제3자에게 처분할 수 있고 제3자가 명의신탁사실을 알았다 하여도 그의 소유권취득에 영향이 없다(대법원 1992. 6. 9. 선고 91다

29842 판결 등). 이 경우 명의신탁재산은 채무자인 명의수탁자의 일반 채권자들의 공동담보에 제공되는 책임재산이 되므로, 명의수탁자가 채무초과 상태에서 이를 처분하는 것은 사해행위가 될 수 있다. 대상판결 사안의 경우 국세채무자인 B가 종중과 사이에 자신의 상속지분 범위 내에서 피상속인 C의 명의수탁자 지위를 상속한 것으로 볼 수 있고, 그 상속분은 일반 채권자들의 공동담보에 제공되는 책임재산에 해당하게 된다. 따라서 B가 자신의 상속분을 포기하는 행위는 이러한 공동담보를 감소시키는 행위로서 사해행위가 될 수 있다.

33

명의신탁자가 채무초과 상태인 배우자와의 명의신탁을 해지하면서, 증여를 원인으로 자신 앞으로 소유권이전등기를 경료한 경우 사해행위가 성립되는지 여부

(서울중앙지방법원 2022. 1. 27. 선고 2020가단5264655 판결)

[사건 개요]

원고는 소외 D에게 2018. 5. 16.에 1,500만 원, 2019. 8. 6.에 3,300만 원을 원리금 균등상환방식으로 변제하는 조건으로 각 대여하였는데, 소외 D는 2020. 8.경부터 원리금상환을 연체하였음.

소외 D는 유일한 재산으로 이 사건 부동산의 소유 지분(1/2)이 있었으나, 배우자인 피고에게 2020. 3. 20. 증여(이하 '이 사건 증여계약')를 원인으로 소유권이전등기를 경료함.

원고는 이 사건 증여계약이 사해행위에 해당함을 이유로 이를 취소하고, 원상회복 방법으로 가액배상을 청구함.

피고는 이 사건 부동산 중 D 소유 지분(1/2)은 피고가 남편인 D에게 명의신탁했던 것으로 D의 채권자들에 대한 책임재산에 포함시킬 수 없는 것이고, 피고가 명의신탁 약정을 해지하고 그 지분을 회수한 것을 사해행위로 평가할 수 없다고 다툼.

[법원의 판단]

부부의 일방이 혼인 중 그의 명의로 취득한 재산은 그 명의자의 특유재산으로 추정되는 것이고, 그 재산의 취득에 있어 다른 일방의 협력이 있었다거나 내조의 공이 있었다는 것만으로는 그 추정이 번복되지 아니하는 것이지만, 다른 일방이 실제로 당해 재산의 대가를 부담하여 취득하였음을 증명한 경우에는 그 추정이 번복되고, 그 대가를 부담한 다른 일방이 실질적인 소유자로서 편의상 명의자에게 이를 명의신탁한 것으로 인정할 수 있다. 한편, 부동산의 명의수탁자가 신탁행위에 기한 반환의무의 이행으로서 신탁부동산의 소유권이전등기를 경료하는 행위는 기존채무의 이행으로서 사해행위를 구성하지 아니한다(대법원 2007. 4. 26. 선고 2006다79704 판결 등 참조).

이 사건 부동산의 매수대금은 총 매매대금 12억 원 중 임대차보증금 반환채무 6억 원을 인수하여 뺀 나머지 6억 원 상당인 사실, 매매대금에 충당하기 위하여 피고가 친정아버지 E로부터 6억 1,000만 원을 증여받아 그 매매대금에 사용하고, 1억 원이 넘는 증여세까지 모두 피고가 납부한 사실, 일부 부족한 매매대금은 피고가 대출받은 돈과 위 E가 손자(D와 피고의 자녀)들에게 증여한 돈으로 해결한 사실 등을 인정할 수 있고, 결국 이 사건 부동산은 실질적으로 피고의 특유재산으로, 남편 D 명의로 한 1/2 지분은 피고가 D에게 명의신탁한 것으로 봄이 옳다. 따라서 D가 자신의 1/2 지분을 다시 피고에게 증여한 행위를 사해행위로 평가하기는 어렵다.

[설명]

채무자가 자기의 유일한 재산인 부동산을 매각하여 소비하기 쉬운 금전으로 바꾸거나 타인에게 무상으로 이전하여 주는 행위는 특별한 사정이 없는 한 채권자에 대하여 사해행위가 된다고 볼 것이므로 채무자의 사해의 의사는 추정되는 것이고, 이를 매수하거나 이전받은 자가 악의가 없었다는 입증책임은 수익자에게 있다(대법원 2001. 4. 24. 선고 2000다41875 판결 등 참조).

그리고 계약명의신탁의 경우 명의신탁자와 명의수탁자 사이의 명의신탁약정의 무효에도 불구하고 부동산 실권리자명의 등기에 관한 법률 제4조 제2항 단서에 의하여 그 명의수탁자는 당해 부동산의 완전한 소유권을 취득하게 되고, 명의수탁자가 취득한 부동산은 채무자인 명의수탁자의 일반 채권자들의 공동담보에 제공되는 책임재산이 되고, 명의신탁자는 명의수탁자에 대한 관계에서 금전채권자 중 한 명에 지나지 않으므로, 명의수탁자의 재산이 채무의 전부를 변제하기에 부족한 경우 명의수탁자가 위 부동산을 명의신탁자 또는 그가 지정하는 자에게 양도하는 행위는 특별한 사정이 없는 한 다른 채권자의 이익을 해하는 것으로서 다른 채권자들에 대한 관계에서 사해행위가 된다(대법원 2008. 9. 25. 선고 2007다74874 판결).

대상판결 사안의 경우 피고가 이 사건 부동산을 매수할 당시부터 피고와 배우자 D의 공동명의로 매수하여 소유권이전등기를 경료하였다면, D의 소유지분에 대하여는 계약명의신탁관계로 볼 수 있다. 따라서 당초 매도인이 선의로 추정되는 한, D는 그 소유 지분을 완전하게 취득하게 되고, 이는 명의수탁자의 일반 채권자들의 공동담보에 제공되는 책임재산이 된다. 그러므로 채무자인 D가 유일한 재산인 이 사건 부동산의 소유지분을 배우자인 피고에게 증여한 행위는 D의 채권자에 대하여는 사해행위에 해당할 여지가 있는 것이 사실이다.

다만, 대상판결 사안의 경우와 같이 부부간의 명의신탁약정이 있었던 경우는 명의신탁약정이 무효인 경우와는 다소 차이가 있다. 부부간 명의신탁은 특별한 사정이 없는 한 유효하고(부동산 실권리자명의 등기에 관한 법률 제8조 참조), 명의신탁자는 명의수탁자에 대하여 신탁해지를 하고 신탁관계의 종료 그것만을 이유로 하여 소유 명의의 이전등기절차의 이행을 청구할 수 있음은 물론, 신탁해지를 원인으로 하고 소유권에 기해서도 그와 같은 청구를 할 수 있는데(대법원 2016. 7. 29. 선고 2015다56086 판결), 이러한 경우 부동산의 명의수탁자가 신탁행위에 기한 반환의무의 이행으로서 신탁부동산의 소유권이전등기를 경료하는 행위는 기존채무의 이행으로 보아야 하기 때문이다(대법원 2007. 4. 26. 선고 2006다79704 판결 등). 대상판결 역시 위와 같은 취지에서 이 사건 증여계약은 사해행위로 평가하기 어렵다고 판단한 것이다(명의신탁 사례 26번 대전지방법원 서산지원 2021. 5. 13. 선고 2020가합208 판결 참조).

제4장

명의신탁과 형사처벌

명의신탁과 관련된 형사사건의 유형은 부동산 실권리자명의 등기에 관한 법률위반 사건 외에도 매우 다양하다. 예컨대, 명의신탁 부동산을 처분한 경우 횡령죄의 성립 여부가, 채무자가 강제집행을 당할 우려가 있자 부동산을 명의신탁하거나 명의신탁한 부동산을 처분한 경우 강제집행면탈죄의 성립 여부가, 명의신탁자가 해당 부동산에 관한 권리자의 권리행사를 방해한 경우 권리행사방해죄의 성립 여부가 자주 문제된다.

특히 그동안은 명의신탁 부동산을 명의수탁자가 처분한 경우 횡령죄의 성립 여부가 가장 많이 다루어졌고, 법원은 명의신탁 유형에 따라 횡령죄 성립 여부를 달리 보았기 때문에, 그 판단이나 입증이 쉽지 않았다. 그러나 최근 대법원은 전원합의체 판결로 판례를 변경하면서, 양자간 명의신탁과 중간생략형 명의신탁의 경우도 횡령죄 성립을 부정하였다. 이제는 명의신탁 약정을 유효로 보는 예외적인 경우(부부간 명의신탁, 종중 명의신탁 등)가 아닌 한 명의수탁자가 신탁된 부동산을 처분하더라도 횡령죄가 성립되지 않는 것으로 정리되었다고 해도 과언이 아니다.

그리고 명의신탁 대상은 부동산 외에도 차량이나 주식 등 다른 형태의 고가의 재산에 대하여도 이루어지고 있는 반면, 부동산 외에는 명의신탁약정의 효력에 대하여 달리 규율하고 있는 법률이 없다 보니, 여전히 횡령죄의 성립여부 등과 관련한 법리 판단의 문제가 남아 있다.

34

명의수탁자가 명의신탁자에게 부동산의 소유지분을 반환하지 않을 경우 횡령죄가 성립하는지 여부

(서울고등법원 2021. 4. 22. 선고 2020노453 판결)

[사건 개요]

피고인은 2007년경 직장 동료로 친분이 있던 피해자 B의 부 C와 모 D와 사이에 이 사건 부동산에 관한 소유 지분 각 1/3에 관하여 명의신탁계약을 체결하면서, C와 D가 사망하면 그 상속인들에게 소유명의를 돌려주기로 약정을 하고, 2007. 12. 27. 피고인 명의로 소유권이전등기를 함. 이후 C와 D가 2015. 4. 30.과 2016. 6. 19. 각 사망하면서 그들의 상속인인 피해자 B 등이 피고인에게 이 사건 부동산 지분을 돌려 달라고 하였음에도 피고인은 2019. 6. 초순경까지 이 사건 부동산의 지분 2/3 시가 563,976,600원 상당의 반환을 거부함으로써 이를 횡령하였다는 내용으로 기소됨.

[법원의 판단]

횡령죄에서 보관이란 위탁관계에 의하여 재물을 점유하는 것을 뜻하므로 횡령죄가 성립하기 위하여는 그 재물의 보관자와 재물의 소유자(또는 기타의 본권자) 사이에 법률상 또는 사실상의 위탁신임관계가 존재하여야 한다. 이러한 위탁신임관계는 사용대차·임대차·위임 등의 계약에 의하여서 뿐만 아니라 사무관리·관습·조리·신의칙 등에 의해서도 성립될 수 있으나, 횡령죄의 본질이 신임관계에 기초하여 위탁된 타인의 물건을 위법하게 영득하는 데 있음에 비추어 볼 때 그 위탁신임관계는 횡령죄로 보호할 만한 가치 있는 신임에 의한 것으로 한정함이 타당하다(대법원 2016. 5. 19. 선고 2014도6992 전원합의체 판결).

명의신탁자와 명의수탁자 사이의 무효인 명의신탁 약정 등에 기초하여 존재한다고 주장될 수 있는 사실상의 위탁관계라는 것은 부동산실명법에 반하여 범죄를 구성하는 불법적인 관계에 지나지 아니할 뿐 이를 형법상 보호할 만한 가치 있는 신임에 의한 것이라고 할 수 없다. 말소등기의무의 존재나 명의수탁자에 의한 유효한 처분가능성을 들어 명의수탁자가 명의신탁자에 대한 관계에서 '타인의 재물을 보관하는 자'의 지위에 있다고 볼 수도 없다. 그러므로 부동산실명법에 위반한 양자간 명의신탁의 경우 명의수탁자가 신탁받은 부동산을 임의로 처분하여도 명의신탁자에 대한 관계에서 횡령죄가 성립하지 아니한다(대법원 2021. 2. 18. 선고 2016도18761 전원합의체 판결).

부동산실명법을 위반한 명의신탁약정 및 이를 전제로 한 반환약정 등은 원칙적으로 모두 무효이므로, 중간생략형 명의신탁 관계에서는 물론이고 양자 간 명의신탁 관계에서 명의수탁자가 신탁받은 부동산을 임의로 처분한 경우에도 명의수탁자에게 횡령죄가 성립하지 않는다고 보아야 한다.

[설명]

대법원은 과거 명의수탁자가 신탁된 부동산을 임의로 처분한 경우 횡령죄의 성립여부와 관련하여, 명의신탁 유형에 따라 판단을 달리하여 왔다. '양자간 명의신탁'과 '중간생략형 명의신탁'의 경우는 횡령죄의 성립을 인정하였으나, 계약명의신탁의 경우는 횡령죄의 성립을 부정하여 왔다.

먼저 '양자간 명의신탁'의 경우 「부동산을 소유자로부터 명의수탁 받은 자가 이를 임의로 처분하였다면 명의신탁자에 대한 횡령죄가 성립하며, 그 명의신탁이 '부동산 실권리자명의 등기에 관한 법률' 시행 전에 이루어졌고 같은 법이 정한 유예기간 이내에 실명등기를 하지 아니함으로써 그 명의신탁약정 및 이에 따라 행하여진 등기에 의한 물권변동이 무효로 된 후에 처분행위가 이루어졌다고 하여 달리 볼 것은 아니다. (대법원 2009. 8. 20. 선고 2008도12009 판결 등)」고 판단하였다.

'중간생략형 명의신탁'의 경우는 「부동산을 그 소유자로부터 매수한 자가 자신 명의로 소유권이전등기를 하지 아니하고, 제3자와 맺은 명의신탁약정에 따라 매도인으로부터 바로 제3자 앞으로 중간생략의 소유권이전등기를 경료한 경우, 그 제3자가 그와 같은 명의신탁약정에 따라 자기 명의로 신탁된 부동산을 임의로 처분하면 신탁자와의 관계에서 횡령죄가 성립한다. (대법원 2010. 9. 30. 선고 2010도8556 판결 등)」고 판단하였다.

이에 반해 '계약명의신탁'의 경우에는 매도인이 선의인 경우이든 악의인 경우이든 횡령죄 성립을 부정하여 왔다. 먼저 매도인이 선의인 경우에는 「횡령죄는 타인의 재물을 보관하는 자가 그 재물을 횡령하는 경우에 성립하는 범죄인 바, 부동산 실권리자 명의등기에 관한 법률 제2조 제1호 및 제4조의 규정에 의하면, 신탁자와 수탁자가 명의신탁 약정을 맺고, 이에 따라 수탁자가 당사자가 되어 명의신탁 약정이 있다는 사실을 알지 못하는 소유자와 사이에서 부동산에 관한 매매계약을 체결한 후 그 매매계약에 기하여 당해 부동산의 소유권이전등기를 수탁자 명의로 경료한 경우에는, 그 소유권이전등기에 의한 당해 부동산에 관한 물권변동은 유효하고, 한편 신탁자와 수탁자 사이의 명의신탁 약정은 무효이므로, 결국 수탁자는 전 소유인 매도인뿐만 아니라 신탁자에 대한 관계에서도 유효하게 당해 부동산의 소유권을 취득한 것으로 보아야 할 것이고, 따라서 그 수탁자는 타인의 재물을 보관하는 자라고 볼 수 없다. (대법원 2000. 3. 24. 선고 98도4347 판결 등)」고 판단하였다.

매도인이 악의인 경우에도, 「명의신탁자와 명의수탁자가 이른바 계약명의신탁 약정을 맺고 명의수탁자가 당사자가 되어 명의신탁 약정이 있다는 사실을 알고 있는 소유자와 부동산에 관한 매매계약을 체결한 후 그 매매계약에 따라 당해 부동산의 소유권이전등기를 명의수탁자 명의로 마친 경우에는 부동산 실권리자명의 등기에 관한 법률 제4조 제2항 본문에 의하여 수탁자 명의의 소유권이전등기는 무효이고 당해 부동산의 소유권은 매도인이 그대로 보유하게 되므로, 명의수탁자는 부동산 취득을 위한 계약의 당사자도 아닌 명의신탁자에 대한 관계에서 횡령죄에서의 '타인의 재물을 보관하는 자'의 지위에 있다고 볼 수 없고, 또한 명의수탁자가 명의신탁자에 대하여 매매대금 등을 부당이득으로서 반환할 의무를 부담한다고 하더라도 이를 두고 배임죄에서의 '타인의 사무를 처리하는 자'의 지위에 있다고 보기도 어렵다. (대법원 2012. 11. 29. 선고 2011도7361 판결)」고 판단하였다.

그러나 최근 대법원은 '중간생략형 명의신탁'의 경우와 '양자간 명의신탁'의 경우에 대하여 모두 횡령죄 성립을 부정하는 것으로 판례를 변경하였다. 먼저, 대법원 2016. 5. 19. 선고 2014도6992 전원합의체 판결은 기존의 판례를 폐기하고, 명의수탁자가 명의신탁자의 재물을 보관하는 자라고 할 수 없으므로, 명의수탁자가 신탁받은 부동산을 임의로 처분하여도 명의신탁자에 대한 관계에서 횡령죄가 성립하지 않는다고 판단하였다. 그리고 대법원 2021. 2. 18. 선고 2016도18761 전원합의체 판결은 「말소등기의무의 존재나 명의수탁자에 의한 유효한 처분가능성을 들어 명의수탁자가 명의신탁자에 대한 관계에서 '타인의 재물을 보관하는 자'의 지위에 있다고 볼 수도 없다. 그러므로 부동산실명법을 위반한 양자간 명의신탁의 경우 명의수탁자가 신탁받은 부동산을 임의로 처분하여도 명의신탁자에 대한 관계에서 횡령죄가 성립하지 아니한다.」고 함으로써, 역시 횡령죄 성립을 부정하였다. 위 서울고등법원 2020노453 판결은 위와 같이 변경된 대법원 판례의 입장을 반영한 것이다.

35

종중으로부터 명의신탁된 부동산을 명의수탁자가 임의로 처분한 경우 횡령죄의 성립 여부

(인천지방법원 2021. 7. 16. 선고 2020노4736 판결)

[사건 개요]

피고인과 A는 C 종중회의 소유이나 A명의로 명의신탁에 기한 지분 소유권이전등기가 되어 있던 이 사건 각 토지를 임의로 매도하였고, 이와 관련하여 횡령죄로 기소되어 1심에서 유죄판결을 받음.

피고인은 A가 C 종중과는 별개의 종중인 B 종중의 종원이고, A 명의의 지분은 C 종중회로부터 명의신탁받은 것이 아니므로, 피고인이 A 명의의 지분을 타인에게 매도하였더라도, C 종중회에 대한 횡령죄가 성립할 수 없다면서 항소함.

[법원의 판단]

횡령죄는 위탁이라는 신임관계에 반하여 타인의 재물을 보관하는 자가 이를 횡령하거나 또는 반환을 거부함으로써 성립하는 것이므로 피고인이 부동산을 횡령하였다고 인정하려면 피고인과의 위탁관계가 있는 종중이 실재하여야 하고, 그 종중과의 사이에 위탁이라는 신임관계가 있어야 하는 것이나(대법원 1983. 4. 12. 선고 83도195 판결), 피해자인 종중의 실체가 확인될 수 있는 이상, 피고인이 종중으로부터 부동산을 명의신탁받았다는 사실 자체를 부인하고 있다면 피해자는 그 종중으로 특정될 수 있다고 보아야 할 것이고, 그 종중의 공동 선조를 반드시 확정하여야만 횡령죄의 피해자가 특정된다고 할 수는 없다(대법원 1994. 9. 23. 선고 93도919 판결 참조).

원심은 그 판시와 같은 이유를 들어 A 명의로 소유권등기가 되어 있던 이 사건 각 토지는 A 개인 소유가 아니라 피해자 C 종중회의 소유로 A에게 명의신탁된 것으로 인정할 수 있고, 피고인 역시 이 사건 각 토지가 피해 종중의 소유라는 사실을 알고 있었다고 인정할 수 있으므로, 피고인의 횡령의 고의도 인정된다고 보아 피고인에게 횡령죄를 인정하였다. 원심이 설시한 사정들 및 원심 및 당심이 적법하게 조사, 채택한 증거들에 따라 인정되는 다음 사정들을 위 법리에 비추어 살펴보면, 원심의 판단은 정당한 것으로 수긍할 수 있다(피고인의 항소 기각).

[설명]

명의신탁 사례 34번에서 살펴본 것처럼, 대법원 2016. 5. 19. 선고 2014도6992 전원합의체 판결은 횡령죄가 성립하기 위해 요구되는 재물의 보관자와 재물의 소유자 사이의 위탁신임관계는 횡령죄로 보호할 만한 가치 있는 신임에 의한 것으로 한정함이 타당한데, 명의신탁자와 명의수탁자 사이에 위탁신임관계를 근거 지우는 계약인 명의신탁약정 또는 이에 부수한 위임약정이 무효임에도 불구하고 횡령죄 성립을 위한 사무관리·관습·조리·신의칙에 기초한 위탁신임관계가 있다고 할 수는 없고, 또한 명의신탁자와 명의수탁자 사이에 존재한다고 주장될 수 있는 사실상의 위탁관계라는 것도 부동산실명법에 반하여 범죄를 구성하는 불법적인 관계에 지나지 아니할 뿐 이를 형법상 보호할 만한 가치 있는 신임에 의한 것이라고 할 수 없다고 보아 중간생략형 명의신탁의 경우 명의수탁자가 신탁받은 부동산을 임의로 처분하더라도 횡령죄가 성립되지 않는다고 판단하였다. 나아가 대법원 2021. 2. 18. 선고 2016도18761 전원합의체 판결 역시 같은 취지에서 부동산실명법을 위반한 양자간 명의신탁의 경우 명의수탁자가 신탁받은 부동산을 임의로 처분하여도 명의신탁자에 대한 관계에서 횡령죄가 성립하지 아니한다고 판단하였다. 이렇듯, 현재로서는 부동산실명법에 위반한 명의신탁의 경우 명의수탁자가 신탁받은 부동산을 처분하더라도 횡령죄가 성립되지 않는다.

이에 반하여, 부동산실명법 제8조는 종중(宗中)이 보유한 부동산에 관한 물권을 종중 외의 자의 명의로 등기한 경우로서 조세 포탈, 강제집행의 면탈 또는 법령상의 제한의 회피를 목적으로 하지 않는 경우에는 명의신탁 약정과 이에 따른 등기를 무효로 보지 않고 있다. 따라서 종중이 보유한 부동산을 명의신탁한 경우는 위에서 살펴본 부동산실명법이 무효로 보는 명의신탁의 경우와는 달리 볼 필요가 있다. 이에 위 사안에서 법원은

종중 명의신탁의 경우 여전히 명의수탁자의 임의 처분에 대하여 횡령죄가
성립된다고 판단한 것으로 보인다.

36

강제집행을 당할 우려가 있자 명의수탁자가 명의신탁 부동산을 허위양도한 경우 강제집행면탈죄 성립 여부

(인천지방법원 부천지원 2021. 10. 6. 선고 2020고단4876 판결)

[사건 개요]

피고인 A는 2014. 12.경 형 C 소유인 이 사건 부동산에 대하여 강제경매절차가 진행되자 딸 B 명의로 이를 경락받아 소유권을 이전받기로 B와 명의신탁약정을 하고, 2014. 12. 15.경 광주지방법원에서 시행된 강제경매에서 위 부동산에 대한 경락대금을 납입한 후 같은 날 B 명의로 강제경매로 인한 매각을 원인으로 하여 위 부동산에 대한 소유권이전등기를 경료함.

피고인 A는 ㈜E, ㈜F, ㈜G의 실질적인 운영자인데, 2017. 8. 16.경 피해자 H가 위 회사에 대하여 가지고 있던 4,400만 원 상당의 물품대금을 분할상환하기로 약정하고, 피고인 B는 이를 연대보증하는 내용의 지불확약서를 작성함.

피고인들이 위 채무를 변제하지 않자, 피해자는 지급명령신청을 하였고, 2018. 3. 22.경 지급명령문을 송달받아 확정됨.

피고인들은 2018. 5. 10.경 이 사건 부동산을 피고인 A의 친형인 C의 딸 N에게 4,350만 원에 매도하는 내용의 매매계약을 체결하고, 같은 날 N 명의로 소유권이전등기를 마침.

피고인들은 부동산 실권리자명의 등기에 관한 법률위반(A만), 강제집행면탈(A와 B 공동)로 기소됨.

[법원의 판단]

이 법원이 적법하게 채택하여 조사한 증거들을 종합하여 인정할 수 있는 아래와 같은 사실에 비추어 보면, 피고인들이 공모하여 이 사건 강제집행면탈의 범행을 저지른 것으로 인정할 수 있다. ① 피고인들은 부녀지간이고, 피고인 B는 H의 채무자인 피고인 운영의 주식회사 G에서 경리직원으로 근무하였으며, 이 사건 지불확약서, 부동산매매계약서 등의 작성에 관여하였다. ② 피고인 B에 대하여는 부동산매매계약 후에 지급명령이 송달되기는 하였으나 이 사건 지급명령상의 채무자인 주식회사 G에 대한 송달은 2018. 3. 22. 피고인 B에게 이루어졌고, 피고인 A에 대하여도 부동산매매계약 전에 지급명령이 송달되었으며, 피고인 B도 이 사건 지불확약서에 따른 변제가 제대로 되지 않고 있었다는 사실은 알고 있었다. ③ 피고인 B는 수사기관에서 H에 대한 채무가 존재하고 있음을 알면서도 이 사건 부동산매매계약을 체결한 사실을 인정한 바 있다.

[설명]

강제집행면탈죄의 객체와 관련하여 채권자 보호를 위하여 채무자 명의의 재산에 국한시킬 필요가 없다는 견해도 있으나, 법원은 그 객체를 채무자의 재산으로 한정하고 있다. 예컨대, 대법원 2008. 9. 11. 선고 2006도8721 판결은 강제집행면탈죄의 객체는 채무자의 재산 중에서 채권자가 민사집행법상 강제집행 또는 보전처분의 대상으로 삼을 수 있는 것만을 의미한다고 판단한 바 있다. 이에 따라 위 2006도8721 판결은 보전처분 단계에서의 가압류채권자의 지위 자체는 원칙적으로 민사집행법상 강제집행 또는 보전처분의 대상이 될 수 없는 것이므로, 이러한 지위를 강제집행면탈죄의 객체에 해당하지 않는다고 본 것이다.

따라서 명의신탁이 된 부동산이 강제집행면탈죄의 객체가 될 수 있는지 여부도 채무자의 재산인지 여부에 달려 있다. 예컨대, 계약명의신탁의 경우 매도인이 선의인 경우는 명의수탁자가 당해 부동산의 완전한 소유권을 취득하게 되고, 매도인이 악의인 경우에는 수탁자 명의의 소유권이전등기는 무효로 되어 당해 부동산의 소유권은 매도인이 그대로 보유하게 된다. 어느 경우든지 명의신탁자는 그 매매계약에 의해서는 당해 부동산의 소유권을 취득하지 못하게 되어, 결국 그 부동산은 명의신탁자에 대한 강제집행이나 보전처분의 대상이 될 수 없어 강제집행면탈죄의 객체가 되지 않는다(대법원 2009. 5. 14. 선고 2007도2168 판결).

대상판결 사안은 피고인 A가 부동산 강제경매절차에서 딸인 피고인 B

명의로 입찰하여 낙찰받은 경우이다. 이와 같이 부동산경매절차에서 명의 신탁약정에 따라 부동산을 명의수탁자 명의로 취득한 경우에는 소유자가 명의신탁 사실에 대하여 알았는지 여부를 불문하고, 명의수탁자가 소유권을 취득한다(대법원 2012. 11. 15. 선고 2012다69197 판결, 명의신탁 7번 참조). 따라서 이 사건의 경우 명의신탁자인 A가 B가 가담하지 않은 상태에서 이 사건 부동산을 제3자에게 허위양도하였다면, 강제집행을 면할 목적이 있었다고 하더라도, 강제집행면탈죄가 성립되지 않을 것으로 판단된다. 그러나 이 사건의 경우 명의수탁자인 B 역시 연대보증인으로서 피해자에 대하여 채무자의 지위에 있었고, 이 사건 부동산은 B의 소유이므로, 강제집행면탈죄의 객체가 된다. 따라서 A와 B가 공모하여 강제집행을 면할 목적으로 이 사건 부동산을 허위양도한 이상 강제집행면탈죄가 성립된다.

37

유치권 행사 중인 부동산을 타인 명의로 경매에서 낙찰받은 명의신탁자가 잠금장치를 변경하여 점유 침탈한 경우 권리 행사방해죄 성립 여부

(서울중앙지방법원 2020. 7. 23. 선고 2020노62 판결)

[사건 개요]

이 사건 건물은 피해자가 유치권을 행사하던 중이었는데, 피고인은 2017. 7. 12. 강제경매를 통하여 아들인 F의 명의로 이 사건 건물을 매수하였음.

이후 피해자가 이 사건 건물의 점유를 다소 느슨하게 하는 틈을 이용해 피고인은 2017. 9. 5. 06:00경 열쇠 수리공을 불러 이 사건 건물의 잠금장치를 변경하였음.

이와 관련하여, 피고인은 피해자의 이 사건 건물에 대한 점유를 침탈함으로써 피해자의 유치권 행사를 방해하였다는 공소사실로 기소되어 1심에서 유죄로 판단됨.

[법원의 판단]

형법 제323조의 권리행사방해죄는 타인의 점유 또는 권리의 목적이 된 자기의 물건을 취거, 은닉 또는 손괴하여 타인의 권리행사를 방해함으로써 성립하므로 그 취거, 은닉 또는 손괴한 물건이 자기의 물건이 아니라면 권리행사방해죄가 성립할 수 없다(대법원 2017. 5. 30. 선고 2017도4578 판결 등 참조).

피고인은 아들인 F 명의로 강제경매를 통하여 이 사건 건물을 매수하였다는 것인데, 부동산경매절차에서 부동산을 매수하려는 사람이 다른 사람과의 명의신탁약정 아래 그 사람의 명의로 매각허가결정을 받아 자신의 부담으로 매수대금을 완납한 때에는 경매목적 부동산의 소유권은 매수대금의 부담 여부와는 관계없이 그 명의인이 취득하게 되는 것이므로(대법원 209. 9. 10. 선고 2006다73102 판결 등 참조), 피고인이 이 사건 건물에 대한 피해자의 점유를 침탈하였다고 하더라도 피고인의 물건에 대한 타인의 권리행사를 방해한 것으로 볼 수는 없다. (권리행사방해죄 부분에 대하여 무죄 선고)

[설명]

권리행사방해죄(형법 제323조)는 타인의 점유 또는 권리의 목적이 된 자기의 물건 또는 전자기록 등 특수매체기록을 취거·은닉·손괴함으로써 성립하는 범죄로, 객체가 자기 소유의 재물이 된다. 따라서 이 죄의 주체

와 관련하여서는 소유자가 아닌 자는 이 죄의 주체가 될 수 없다고 해석된
다(통설 및 판례).

위와 같이 권리행사방해죄의 주체가 소유자로 제한되기 때문에, 명의
신탁이 된 부동산의 명의신탁자가 타인이 점유하는 부동산의 점유를 취
거(점유자의 의사에 반하여 점유자의 지배를 배제하고 자기 또는 제3자의
지배로 옮기는 것)하는 경우 명의신탁자를 권리행사방해죄의 주체로 볼
수 있는지가 문제된다. 이러한 경우 명의신탁자가 명의수탁자와의 관계뿐
만 아니라 점유자인 그 타인과의 관계에서 소유자가 되는지 여부에 따라
권리행사방해죄의 성립여부가 달라진다. 예컨대, 대법원 2005. 9. 9. 선고
2005도626 판결은 중간생략형 또는 계약명의신탁에 해당하는 사례에서,
「부동산 실권리자명의 등기에 관한 법률 제8조는 배우자 명의로 부동산에
관한 물권을 등기한 경우에 조세포탈, 강제집행의 면탈 또는 법령상 제한
의 회피를 목적으로 하지 아니한 때에는 제4조 내지 제7조 및 제12조 제1
항, 제2항의 규정을 적용하지 아니한다고 규정하고 있는 바, 만일 피고인1
이 그러한 목적으로 명의신탁을 함으로써 명의신탁이 무효로 되는 경우에
는 말할 것도 없고, 그러한 목적이 없어서 유효한 명의신탁이 되는 경우에
도 제3자로서 임차인인 피해자 공소외 2에 대한 관계에서는 피고인1은 소
유자가 될 수 없으므로, 어느 모로 보나 위 빌딩이 권리행사방해죄에서 말
하는 '자기의 물건'이라 할 수 없는 것이다.」라고 판단한 바 있다. 이와 반
대로 양자간 명의신탁에서는 명의신탁과 이에 기한 명의수탁자 명의 등기
가 무효인 경우에는 명의신탁자가 소유자가 되므로, 권리행사방해죄의 주
체가 될 수 있을 것이다.

한편, 대상판결 사안과 같이 부동산경매절차에서 매수자금을 실제로 부담하는 사람이 타인 명의로 입찰하여 매각허가를 받아 해당 부동산을 취득한 경우 법원은 매수대금을 부담한 사람과 이름을 빌려준 사람 사이에 명의신탁관계가 성립한다고 보고 있다. 이 경우 일반적인 계약명의신탁의 경우와는 달리 경매절차에서의 소유자가 명의신탁약정 사실을 알고 있었는지 여부를 불문하고, 명의자가 소유권을 취득하게 되므로(대법원 2012. 11. 15. 선고 2012다69197 판결 등), 명의신탁자는 권리행사방해죄의 주체가 될 수 없게 된다.

38

명의신탁된 자동차를 명의신탁자가 은닉한 경우 권리행사 방해죄가 성립하는지

(수원지방법원 2011. 8. 10. 선고 2010고단4433 판결)

[사건 개요]

피고인은 2008. 7. 9. 자신의 처인 A 명의로 피해자로부터 3,700만 원을 대출받으면서 자동차등록원부상 소유자가 A로 등록되어 있는 고속버스를 담보로 제공하고 채권자를 피해자로 한 동액 상당의 근저당권을 설정하였음.

피고인은 자신이 운영하는 무역회사의 경영상태가 어려워 할부금을 변제할 수 없는 상황이 되자 2009. 4.경 피해자의 승낙 없이 위 고속버스를 B에게 매도하고, 그 무렵 B로 하여금 B가 운영하는 ○○상운 사업장으로 위 고속버스를 몰고 가도록 하였음.

위와 같은 사실로 피고인은 담보로 제공한 위 고속버스를 은닉함으로써 피해자의 권리행사를 방해하였다는 공소사실로 기소됨(본래 공소사실은 위와 같은 방식의 은닉에 의한 권리행사방해죄 3건으로 기소되었음.).

[법원의 판단]

형법 제323조의 권리행사방해죄는 타인의 점유 또는 권리의 목적이 된 자기의 물건을 취거, 은닉 또는 손괴하여 타인의 권리행사를 방해함으로써 성립하는 것이므로, 그 취거, 은닉 또는 손괴할 물건이 자기의 물건이 아니라면 권리행사방해죄가 성립할 여지가 없다(대법원 2005. 9. 9. 선고 2005도626 판결, 대법원 2005. 11. 10. 선고 2005도6604 판결 등 참조).

한편, 자동차관리법 제6조에 의하면 자동차 소유권의 득실변경은 등록을 하여야 그 효력이 생긴다. 그런데 이 사건 무렵 공소사실 기재 고속버스들은 자동차등록원부에 피고인이 아닌 A 명의로 등록되어 있었다. 따라서 위 고속버스들이 자동차등록원부에 타인 명의로 등록되어 있는 이상 이는 피고인의 소유가 아니므로 피고인이 공소사실 기재와 같이 위 고속버스들을 은닉하였다고 하더라도, 권리행사방해죄가 성립할 수 없다. (형사소송법 제325조 후단에 의한 무죄 선고)

[설명]

형법 제323조의 권리행사방해죄는 타인의 점유 또는 권리의 목적이 된 자기의 물건을 취거, 은닉 또는 손괴하여 타인의 권리행사를 방해함으로써 성립하므로 그 취거, 은닉 또는 손괴한 물건이 자기의 물건이 아니라면 권리행사방해죄가 성립할 수 없다(대법원 2017. 5. 30. 선고 2017도4578 판결 등 참조). 이에 따라 위 2017도4578 판결은 피고인이 피해자로부터 대출을 받으면서 사실혼 배우자 명의로 등록되어 있던 에쿠스 승용차에 피해자를 저당권자로 하여 저당권을 설정하였음에도, 피해자의 동의 없이 친구로부터 돈을 빌리면서 위 승용차를 담보를 제공하는 방법으로 넘겨주어 피해자가 위 승용차를 찾을 수 없도록 은닉하여 권리행사를 방해하였다는 사실로 기소된 사례에서, 위 승용차가 사실혼 배우자 명의로 등록되어 있어 피고인의 소유로 볼 수 없다는 이유로 피고인에게 무죄를 선고한 바 있다.

이처럼, 권리행사방해죄는 행위의 객체가 자신의 소유인 경우에만 성립된다. 그런데, 자동차를 그 소유명의만 타인의 명의로 등록한 경우, 특히 명의신탁된 자동차의 경우는 어떠할까?

자동차관리법 제6조는 자동차의 득실변경은 등록을 하여야 그 효력이 생긴다고 규정하고 있다. 이는 다른 동산의 경우와는 달리 자동차의 경우는 민법상 불완전한 공시방법인 '인도'가 아니라 공적 장부에 의한 체계적인 공시방법인 '등록'에 의하여 소유권 변동을 공시함으로써 자동차 소유권과 이에 관한 거래의 안전을 한층 더 보호하려는 데 취지가 있다(대법원 2016. 12. 15. 선고 2016다205373 판결 참조). 이에 따라 자동차관리법이 적용되는 자동차의 소유권을 취득함에는 민법상 공시방법인 '인도'에 의할 수 없고 나아가 이를 전제로 하는 민법 제249조의 선의취득 규정은 적용되지 아니함이 원칙이다(위 2016다205373 판결). 따라서 원칙적으로는 자동차등록원부를 기준으로 자동차의 소유자가 누구인지를 판단할 수밖에 없다.

한편, 자동차에 대한 소유권의 득실변경은 등록을 함으로써 그 효력이 생기고 등록이 없는 한 대외적 관계에서는 물론 당사자의 대내적 관계에서도 소유권을 취득할 수 없는 것이 원칙이지만, 당사자 사이에 소유권을 등록명의자 아닌 자가 보유하기로 약정하였다는 등의 특별한 사정이 있는 경우에는 그 내부관계에 있어서는 등록명의자 아닌 자가 소유권을 보유하게 된다(대법원 2013. 2. 28. 선고 2012도15303 판결). 즉, 자동차의 경우 부동산의 경우와 달리 명의신탁 약정을 무효로 보지는 않는다. 이에 따라 위 2012도15303 판결은 피고인이 자신의 명의로 등록된 승용차를 사실혼 배우자인 피해자에게 선물하여 그 배우자가 실제 사용하던 중 별거하면서 재산분할 등 명목으로 피해자가 소유하기로 하였음에도, 피고인이 이를 임의로 운전해 간 사례에서, 위 승용차는 등록명의와 관계없이 피고인과 피해자 사이에서는 피해자를 소유자로 보아야 한다는 이유로 피고인의 행위가 절도행위에 해당한다고 판단하였다. 그리고 대법원 2003. 5. 30. 선고 2000도5767 판결은 피고인이 택시를 회사에 지입하여 운행하였다고 하더라도, 피고인이 회사와 사이에 위 택시의 소유권을 피고인이 보유하기로 약정하였다는 등의 특별한 사정이 없는 한, 위 택시는 그 등록명의자인 회사의 소유이고 피고인의 소유는 아니라고 할 것이므로 회사의 요구로 위 택시를 회사 차고지에 입고하였다가 회사의 승낙을 받지 않고 이를 가져간 피고인의 행위를 권리행사방해죄에 해당하지 않는다고 판단한 바 있다. 위와 같은 판결례의 취지에 따르면 명의신탁 약정이 인정되는 경우에는 명의신탁자가 명의수탁자와의 관계에서 소유자이므로, 명의신탁자가 타인의 권리의 목적이 된 차량을 임의로 취거, 은닉 또는 손괴하였다면, 경우에 따라서는 권리행사방해죄가 성립될 수도 있다.

대상판결 사안의 경우를 살펴보면, 법원은 고속버스들이 자동차등록원부에 타인 명의로 등록되어 있는 이상 이는 피고인의 소유가 아니라는 이유로 권리행사방해죄가 성립할 수 없다고 판단하면서도, '범죄로 되지 아니하는 경우'가 아닌 '범죄사실의 증명이 없는 때'로 보아 형사소송법 제325조 후단의 무죄를 선고하였다. 즉, 검사는 문제된 고속버스가 사실상 피고인의 소유라는 취지로 공소제기를 하였으나, 피고인과 처인 A 사이에 명의신탁 약정 사실이 입증되지 않는 이상 등록명의자인 A의 소유로 볼 수밖에 없고, 달리 피고인의 소유라는 점의 입증이 불충분하다고 판단한 것으로 이해된다.

39

명의수탁자가 명의신탁 사실을 고지하지 않고 노인장기요양 시설 지정을 받은 경우 노인장기요양보험법위반이 되는지

(서울북부지방법원 2021. 3. 22. 선고 2019노2321 판결)

[사건 개요]

피고인은 거짓이나 그 밖의 부정한 방법으로 장기요양기관을 지정받았 다는 노인장기요양보험법위반의 공소사실로 2019. 1. 8. 기소되었고, 1심 (서울북부지방법원 2019고단1000)에서 벌금 300만 원이 선고됨.

피고인은 의정부시청 담당공무원에게 이 사건 부동산의 소유자인 E로 부터 명목상으로 이 사건 부동산 중 1.75/1741.82 지분을 증여받는 대신 부동산임대차계약을 통하여 이 사건 부동산 전체에 대한 실질적인 사용권 을 확보하였다는 점을 고지하였고, 의정부시장도 이러한 사정을 인지하고 노인장기요양기관 지정을 해 준 것이기 때문에, 자신은 거짓이나 부정한 방법으로 장기요양기관 지정을 받은 바 없고, 거짓이나 부정한 방법으로 그 지정을 받으려는 고의도 없었다는 이유로 항소함.

[법원의 판단]

피고인과 E 사이에 체결된 임대차계약의 특약사항 및 증여계약을 위한 합의서의 각 내용(이 사건 부동산에 노인요양시설의 설치신고를 목적으로, 임대인 E는 임차인 A에게 건축물의 일정 지분(0.1%)을 명목상 양도·양수하는 것으로, 당해 목적 이외의 어떠한 재산상 권리의 변동을 배제하며 계약 만료 시 조건 없이 무상으로 환원하기로 한다. … 중략 …) 등에 비추어 보면, 피고인과 E 사이에 체결된 이 사건 부동산 중 1.75/1741.82 지분에 관한 증여계약은 피고인에게 위 지분에 관한 소유권을 넘겨줄 의사 없이 오로지 장기요양기관 지정에 필요한 등기부상 명의만을 이전하기 위해 형식상, 명목상 체결된 것으로서 그 실질은 명의신탁약정에 해당한다고 봄이 타당하다. 따라서 위 증여계약뿐만 아니라, 그에 따른 물권변동 또한 무효이므로(부동산 실권리자명의 등기에 관한 법률 제4조 제1항, 제2항), 피고인 앞으로 마쳐진 위 지분에 관한 소유권일부이전등기는 원인무효의 등기에 해당하는 바, 피고인은 이 사건 부동산 중 위 지분에 관한 소유권을 유효하게 확보하였다고 볼 수 없다.

관련 규정의 입법취지 등에 비추어 보면, 장기요양기관을 지정받으려는 사람은 장기요양기관을 설치하려는 토지 및 건물에 대하여 형식상, 명목상 등기 명의가 아니라 실질적인 소유권 내지 지분권을 취득하여야 한다는 점을 알고 이를 준수해야 할 의무가 있다. 이에 피고인으로서는 위와 같은 의정부시의 업무 처리 선례들을 확인했다고 하더라도 마땅히 그 선례들이 이루어진 정확한 경위(소량의 지분권만으로 장기요양기관 지정을 받은 사람들의 지분 취득 경위 및 그 사람들에 대한 의정부시의 요양기관 지정 경위 등) 및 피고인과 같이 명목상 등기 명의만 취득한 경우에도 장기요양기관 지정이 가능한 것인지 여부 등을 관할관청인 의정부시에 명확히 확인하였어야 하나, 피고인이 이와 같은 확인 절차를 거친 사실은 인정되지 않는다. 따라서 설령 피고인이 위와 같은 의정부시의 업무처리 선례들에 비추어 자신의 행위가 죄가 되지 아니하는 것으로 오인하였다고 하더라도 그 오인에 정당한 이유가 있다고 보기 어렵다. (피고인의 항소 기각)

[설명]

장기요양기관을 설치·운영하고자 하는 자는 보건복지부령으로 정하는 장기요양에 필요한 시설 및 인력을 갖추고, 소재지를 관할 구역으로 하는 시장, 군수, 구청장 등으로부터 지정을 받아야 한다(노인장기요양보험법 제31조). 그리고 위와 같이 지정을 받지 않고 장기요양기관을 설치·운영하거나 거짓이나 그 밖의 부정한 방법으로 지정을 받은 경우 2년 이하의 징역 또는 2천만 원 이하의 벌금에 처하게 된다(위 법 제67조 제2항). 그리고 노인장기요양보험법 시행규칙(제23조) 및 노인복지법 시행규칙(별표4)에 따르면, 시설 설치자는 원칙적으로 시설을 설치할 토지 및 건물의 소유권을 확보해야 하고, 시설 설치목적 외의 목적에 따른 저당권, 그 밖에 시설로서의 이용을 제한할 우려가 있는 권리를 해당 토지 및 건물에 설정해서는 안 되도록 하고 있다(선순위 권리자가 없고, 임대차계약 등 계약 양 당사자가 법인일 것 등 엄격한 요건하에 예외 인정).

이와 같이 장기요양기관의 지정을 받으려는 경우 이를 설치하려는 토지 및 건물에 대하여 소유권을 확보하여야 함이 원칙이고, 나아가 그 시설의 이용을 제한할 우려가 있는 권리 설정도 금지하고 있다. 이러한 법 취지를 고려하면, 단순히 형식적으로 등기명의상 소유자로 되어 있는 경우는 장기요양기관 지정 요건을 충족한 것으로 보기 어렵다. 대상판결 사안의 경우 피고인은 노인요양시설 지정을 받기 위해 건물주와 사이에 명목상으로만 건물 지분을 증여받은 지분 소유권이전등기를 하고, 실제로는 임대차계약을 체결하였을 뿐이다. 즉, 건물에 대하여 명의신탁을 한 것에 불과하여, 형식적으로만 지분소유자일 뿐 그 실질은 임차인에 지나지 않으므로, 장기요양시설 지정 요건을 갖추었다고 보기 어렵다. 이와 관련하여, 피고인은 담당 공무원에게 임대차계약서를 제출하여 이러한 사실을 고지하였으므로, 거짓이나 부정한 방법으로 지정을 받은 것이 아니라고 주장하였으나, 이를 입증할 증거가 없고, 오히려 이러한 경우 지정요건을 갖추지 못하여 지정이 되지 않았을 것임에 비추어 보면, 피고인의 주장을 쉽게 믿기는 어렵다고 판단된다.

제5장

명의신탁과 과징금

부동산실명법은 부동산에 관한 물권을 명의신탁약정에 따라 명의수탁자에게 등기한 경우 명의신탁자에게 부과하는 '명의신탁등기 과징금'(제5조 제1항)과 부동산의 소유권이전을 내용으로 하는 계약을 체결하고 반대급부의 이행이 사실상 완료된 날부터 3년 이내에 소유권이전등기를 신청하지 아니한 등기권리자 등에게 부과하는 '장기미등기 과징금'(제10조 제1항) 규정을 두고 있다.

명의신탁 사실인정 문제를 제외하면, 실무상 자주 문제되는 명의신탁과 관련된 과징금 부과처분에 대한 분쟁의 유형은 과징금 감경사유와 관련된 것, 장기미등기자에 해당하는 경우인지와 관련된 것, 과징금 액수의 산정 방법이 적절한지와 관련된 것, 회생계획인가 결정으로 면책이 되는지와 관련된 것 등이다.

40

명의신탁자에 대한 과징금 부과시 감경사유를 제대로 고려하지 않은 경우 과징금 부과처분의 위법 여부

(청주지방법원 2021. 5. 13. 선고 2020구합1020 판결)

[사건 개요]

원고는 아파트 신축공사 중 도배, 장판 등 공사를 하도급받아 수행하였으나, 시공사로부터 공사대금 7,370만 원을 변제받지 못하고, 위 아파트 ○○○호(이하 '이 사건 아파트')를 대물변제받기로 약정함.

이후 이 사건 아파트에 대한 임의경매절차에서 원고는 위 공사대금 채권을 피담보채권으로 하여 유치권신고를 하였고, 위 임의경매절차에서 이 사건 아파트를 낙찰받은 D와 원고 사이에 원고가 D에게 공사대금 채권과 이 사건 아파트 가액의 차액을 지급하고 이 사건 아파트의 소유권을 이전받기로 하는 내용의 제소전화해가 성립됨.

이에 따라 이 사건 아파트에 관하여 2016. 3. 15. 원고의 모 E 명의로 매매를 원인으로 한 소유권이전등기가 마쳐졌고, 같은 날 채무자 E, 근저당권자 F, 채권최고액 176,400,000원의 근저당권설정등기도 마쳐짐.

이후 원고는 2017. 2. 22. 이 사건 아파트를 G에게 매도하고, 2017. 2. 28. G에게 이 사건 아파트에 관하여 매매를 원인으로 한 소유권이전등기를 마쳐 줌.

피고는 2020. 5. 21. 원고에 대하여 이 사건 아파트를 E에게 명의신탁하였다는 이유로 부동산 실권리자명의 등기에 관한 법률(약칭:부동산실명법) 제5조 제1항에 근거하여 12,600,000원의 과징금 부과처분(이하 '이 사건 처분')을 함.

[법원의 판단]

부동산실명법 제5조 제3항의 위임에 따라 구체적인 과징금 부과기준을 정한 부동산실명법 시행령 제3조의2는 단서에서 "조세를 포탈하거나 법령에 의한 제한을 회피할 목적이 아닌 경우에는 과징금의 100분의 50을 감경할 수 있다고 규정하고 있다."고 규정하고 있다. 위 부동산실명법 시행령 제3조의2 단서는 임의적 감경규정임이 명백하므로, 위와 같은 감경사유가 존재하더라도 과징금 부과관청이 감경사유까지 고려하고도 과징금을 감경하지 않은 채 과징금 전액을 부과하는 처분을 한 경우에는 이를 위법하다고 단정할 수는 없으나, 위 감경사유가 있음에도 이를 전혀 고려하지 않았거나 감경사유에 해당하지 않는다고 오인한 나머지 과징금을 감경하지 아니하였다면 그 과징금 부과처분은 재량권을 일탈·남용한 위법한 처분이라고 할 수밖에 없다(대법원 2010. 7. 15. 선고 2010두7031 판결).

원고는 이 사건 아파트에 관한 취·등록세를 모두 납부하였고, 양도소득이 발생하지 않아 양도소득세는 부과되지 않았으며, 달리 원고가 이 사건 아파트를 명의신탁함으로써 어떠한 조세상의 이익을 얻었다고 볼 만한 사정도 없는 점, 원고는 이 사건 아파트를 사실상 대물변제조로 취득하기 위해 필요한 추가 자금 및 이를 조달할 신용이 부족하였을 뿐, 원고로 하여금 이 사건 아파트를 취득, 보유, 처분하지 못하도록 하는 법령상 제한은 존재하지 않았던 점, 그런데, 피고는 원고가 개인워크아웃 중이라는 이유만으로 과징금 감경사유에 해당하지 않는다고 오인하고 이를 전제로 이 사건 처분을 한 사실이 인정되므로, 결국 이 사건 처분은 재량권을 일탈·남용한 것이라고 볼 수밖에 없다.

부동산실명법 시행령 제3조의2 단서의 과징금 감경사유가 있는 경우 과징금 감경 여부는 과징금 부과 관청의 재량에 속하는 것이므로, 과징금 부과 관청이 이를 판단하면서 재량권을 일탈·남용하여 과징금 부과처분이 위법하다고 인정될 경우, 법원으로서는 과징금 부과처분 전부를 취소할 수밖에 없고, 법원이 적정하다고 인정되는 부분을 초과한 부분만 취소할 수는 없다(대법원 2010. 7. 15. 선고 2010두7031 판결). (이 사건 과징금 부과 처분 전부 취소)

[설명]

부동산실명법 제5조 제1항은 명의신탁약정에 따른 등기를 한 명의신탁자에게 해당 부동산 가액의 100분의 30에 해당하는 금액의 범위에서 과징금을 부과하도록 하고 있고, 같은 조 제3항의 위임을 받은 부동산실명법 시행령 제3조의2 단서는 조세를 포탈하거나 법령에 의한 제한을 회피할 목적이 아닌 경우에는 100분의 50을 감경할 수 있다고 규정하고 있다.

위 부동산실명법 시행령 규정에서처럼, 법령에 따라서는 사업등록취소나 정지, 과징금 부과 등 제재적 행정처분의 경우 그 처분기준에 처분청의 재량으로 감경을 할 수 있도록 하는 경우가 있다. 이러한 경우 제재적 처분의 감경사유를 고려하고도 감경하지 않는 것은 처분청의 재량이므로, 이를 위법하다고 할 수 없다. 그러나 법원은 일관되게 감경사유가 있음에도 이를 전혀 고려하지 않았거나 감경사유에 해당하지 않는다고 오인한 나머지 처분을 감경하지 않았다면, 이는 재량권을 일탈·남용하여 위법한 것으로 판단하여 오고 있다(대법원 2014. 7. 24. 선고 2014두36020 판결, 대법원 2019. 12. 27. 선고 2017두48307 판결 등).

대상판결 사안의 경우에도 부동산실명법 시행령 제3조의2 단서에서 정한 감경사유는 명의신탁을 하게 된 목적과 관련하여, '조세를 포탈하거나 법령에 의한 제한을 회피할 목적이 아닌 경우'를 들고 있으므로, 위와 같은 목적의 유무를 판단하여 과징금처분의 감경여부를 결정하였어야 한다. 따라서 명의신탁을 하면서 조세포탈을 하였거나 시도한 것이 있는지, 그 외 원고 본인의 명의로 이 사건 아파트를 취득할 수 없는 법령상의 제한(예컨대, 농지법상 농지취득 제한)이 있어 타인 명의로 취득한 것인지 여부 등에 대하여 검토하여 감경 여부를 결정하였어야 한다. 그러나 대상판결 사안에서 피고는 단지 원고가 개인 워크아웃 중이라는 이유만으로 과징금 감경사유에 해당하지 않는다는 판단을 하였을 뿐, 위와 같은 감경사유의 유무에 대하여는 판단하였다고 보기 어렵기 때문에, 법원은 피고가 재량권을 일탈·남용한 것으로 판단한 것이다.

41

명의신탁자에 대한 과징금 감경사유를 고려하지 않은 위법과 감경사유의 입증 방법

(인천지방법원 2015. 8. 27. 선고 2015구합50690 판결)

[사건 개요]

원고는 1978. 7. 3. 이 사건 부동산을 매수하였고, 1984. 12. 20. 원고의 모 A 앞으로 소유권이전등기를 마침(이하 '이 사건 명의신탁').

피고(인천광역시 남구청장)는 원고가 이 사건 부동산을 A에게 명의신탁하였다가 부동산 실권리자 명의등기에 관한 법률 시행일로부터 1년 이내에 실명등기를 하지 않았다는 이유로 2014. 12. 9. 원고에게 과징금 30,570,400원을 부과함(이하 '이 사건 처분').

원고는 모 A가 남편의 사망 이후 홀로 다른 사람의 토지에서 농사를 지으며 살고 있었고, 평생 아무런 땅도 소유하지 못한 모친을 위로하기 위해 모친 명의로 이 사건 부동산의 소유권이전등기를 마친 것으로, 부동산실명법 시행령 제3조의2 단서에 따라 과징금의 100분의 50이 감경되어야 함에도, 이를 감경하지 않은 것은 재량권을 일탈·남용한 것으로서 위법하다고 주장.

[법원의 판단]

부동산실명법 시행령 제3조의2 단서는 "조세를 포탈하거나 법령에 의한 제한을 회피할 목적이 아닌 경우"에는 부동산실명법 제5조에 따른 과징금의 100분의 50을 감경할 수 있다고 규정하고 있고, 그러한 목적이 아닌 경우에 해당한다는 점은 이를 주장하는 자가 증명하여야 한다. 또한 위 단서의 규정은 임의적 감경규정이므로, 감경사유가 존재하더라도 과징금 부과관청이 감경사유까지 고려하고도 과징금을 감경하지 않은 채 과징금 전액을 부과하는 처분을 한 경우에 이를 위법하다고 단정할 수는 없으나, 행정행위를 함에 있어 이익형량을 전혀 하지 아니하거나 이익형량의 고려대상에 마땅히 포함시켜야 할 사항을 누락한 경우 또는 이익형량을 하였으나 정당성·객관성이 결여된 경우에는 그 행정행위는 재량권을 일탈·남용한 위법한 처분이라고 할 수밖에 없다(대법원 2012. 7. 5. 선고 2012두1358 판결 등 참조). 이 사건 부동산은 그 취득에 있어 특별한 자격을 요하는 등의 법률상 제한이 없었고, 원고는 자신의 모에게 이 사건 부동산을 명의신탁한 당시부터 현재까지 조세를 체납한 적이 없었던 점을 인정할 수 있다. 따라서 원고가 법령에 의한 제한을 회피할 목적이 있었다거나, 일반적인 명의신탁에서 의심되는 상속세, 증여세나 체납처분을 회피하기 위한 목적으로 부동산실명법 시행 이후에도 이 사건 명의신탁을 유지하였다고 보여지는 않는다.

조세포탈의 목적 또는 법령에 의한 제한을 회피할 목적이 없어 과징금 감경사유에 해당한다는 점에 관한 증명책임이 원고에게 있기는 하지만, 이와 같은 소극적 요건을 입증하는 방법으로는 뚜렷한 다른 목적이 있었다는 것을 증명거나, 그와 반대의 상대방의 주장내용을 탄핵하는 것이 있을 수 있을 뿐인데, 피고는 원고에게 '조세포탈의 목적 또는 법령에 의한 제한을 회피할 목적'이 있었다고 볼 만한 근거에 관하여 아무런 구체적인 주장을 하지 않고 있을 뿐만 아니라 원고가 포탈하려고 한 것으로 의심되는 조세의 세목조차 특정하지 못하고 있다. 그렇다면, 원고는 모친을 위로하기 위하여 이 사건 부동산의 명의신탁을 유지하였다고 봄이 합리적이므로, 부동산실명법 제3조의2 단서 소정의 과징금 감경사유가 있음에도 이를 전혀 고려하지 않은 이상 이 사건 처분은 재량권을 일탈·남용한 것으로서 위법하다고 할 것이다(원고 청구 인용).

[설명]

과징금 감경사유가 있음에도 이를 전혀 고려하지 않거나 감경사유에 해당하지 않는다고 오인한 나머지 과징금을 감경하지 않았다면, 그 과징금 부과처분은 재량권을 일탈·남용한 위법한 처분이라는 것이 일관된 판례이다. 대상판결 사안의 경우 원고 주장의 과징금 감경사유가 없다는 점(즉, 어떠한 조세를 포탈하려고 하였다는 등)에 대하여 피고는 구체적인 주장조차 하지 않았고, 이에 감경사유에 대하여 전혀 고려하지 않았다고 보아 위법하다고 판단된 것이다.

그런데, 과징금 감경사유를 전혀 고려하지 않았다는 등의 재량권 일탈·남용에 대하여는 원고가 주장, 입증할 책임이 있고, 감경사유가 조세를 포탈할 목적이나 법령에 의한 제한을 회피할 목적이 없었다는 소극적 요건(즉, 부존재 요건)이기 때문에, 이를 어떻게 입증할 것이냐의 문제가 있다. 이와 관련하여, 위 사안에서 법원은 "뚜렷한 다른 목적이 있었다는 것을 증명거나, 그와 반대의 상대방의 주장내용을 탄핵하는 것이 있을 수 있을 뿐"이라는 점을 지적하고 있다. 대상판결 사안의 경우 원고는 명의수탁자인 모 A를 위로하기 위한 것(즉, 조세포탈, 법령상 제한 회피 목적이 아닌)이라는 뚜렷한 다른 목적을 주장하였고, 이와 관련하여 조세를 체납한 적이 없다는 점과 이 사건 부동산을 원고 명의로 취득하는데 아무런 법령상의 제한이 없었다는 점에 대하여 주장, 입증을 하였다. 반면, 피고는 원고가 어떠한 명목의 조세를 포탈하려고 하였다는 등의 구체적인 주장조차 하지 않았다. 그렇다면, 원고로서는 소극적 요건의 입증을 다한 것으로 볼 수 있는 반면, 피고로서는 원고 주장의 과징금 감경사유에 대하여 전혀 고려하지 않은 것으로서 재량권을 일탈·남용한 위법이 있다고 판단한 것이다.

마지막으로 부동산실명법 시행령 제3조의2 단서의 과징금 감경사유가 있는 경우 과징금 감경 여부는 과징금 부과 관청의 재량에 속하는 것이므로, 과징금 부과 관청이 이를 판단하면서 재량권을 일탈·남용하여 과징금 부과처분이 위법하다고 인정될 경우, 법원으로서는 과징금 부과처분 전부를 취소할 수밖에 없고, 법원이 적정하다고 인정되는 부분을 초과한 부분만 취소할 수는 없다(대법원 2010. 7. 15. 선고 2010두7031 판결). 그럼에도, 대상판결 사안의 경우에는 원고에 대하여 한 과징금 30,570,400원의 부과처분 중 15,285,200원을 초과하는 부분을 취소하는 판결을 하였다. 청구취지가 주문과 같다는 점을 고려할 때, 원고가 과징금 부과처분 전체의 취소를 구하지 않고, 일부의 취소만을 구하였기 때문으로 추측되고, 원고로서는 어차피 전부 취소 후 과징금 부과 관청이 재처분을 통해 50%의 과징금을 부과할 수 있기 때문에, 전부 취소를 구할 실익이 크지 않다고 판단했을 수도 있다. 그러나 과징금 부과의 제척기간은 5년으로 해석되고 있고 (대법원 2013. 6. 14. 선고 2012두20021 판결), 제척기간에 있어서는 그 성질에 비추어 소멸시효와 같이 기간의 중단이나 정지는 있을 수 없다는 점을 고려할 때, 재처분시에는 명의신탁 관계 종료 시점 또는 실명등기 시점으로부터 5년이 경과하여 재처분을 할 수 없는 경우도 있을 수 있다는 것을 간과해서는 안 된다.

참고로 2023. 3. 24.부터 시행되는 행정기본법 제23조는 행정청은 법령 등의 위반행위가 종료된 날부터 5년이 지나면 과징금 부과처분을 포함한 제재처분을 할 수 없도록 하고 있다. 다만, 행정심판 재결이나 법원의 판결에 따라 제재처분이 취소·철회된 경우에는 재결이나 판결이 확정된 날부터 1년이 지나기 전까지는 그 취지에 따른 새로운 제재처분을 할 수 있다고 규정하고 있다.

42

계약명의신탁에서 매도인이 선의여서 명의수탁자가 소유권을 취득한 경우 과징금 부과대상에서 제외되는지 여부

(전주지방법원 2019. 12. 18. 선고 2019구합1361 판결)

[사건 개요]

원고의 아들 B는 C 지역주택조합(이하 '이 사건 조합')의 조합원으로 가입한 후 2012. 3. 19. 이 사건 아파트에 관하여 조합원 공급계약을 체결하고, 2015. 6. 12. 이 사건 아파트에 관하여 소유권보존등기를 마침.

원고는 같은 날인 2015. 6. 12. 이 사건 아파트에 관하여 2015. 4. 22.자 매매를 원인으로 한 소유권이전등기를 마침.

전주세무서장은 이 사건 아파트에 관한 증여세 과세 자료를 검토하는 과정에서 원고가 이 사건 아파트를 아들인 B에게 명의신탁한 사실을 적발하고, 2017. 1. 9. 피고(전주시 완산구청장)에게 원고의 부동산실명법 제3조 위반사실을 통보함.

피고는 2019. 3. 5. 원고에게 이 사건 아파트에 관한 명의신탁등기로 인하여 부동산실명법 제3조 제1항을 위반하였다는 이유로 과징금 21,600,000원을 부과하는 과징금부과처분을 함(이 사건 과징금부과처분).

원고는 원고와 B 사이의 명의신탁약정은 계약명의신탁으로 명의신탁약정이 무효이고, 명의수탁자인 B가 이 사건 아파트에 관한 소유권을 취득하므로 부동산실명법상 과징금 부과의 대상이 아니라면서, 이 사건 과징금부과처분의 취소를 구함.

[법원의 판단]

부동산실명법 제3조 제1항, 제5조 제1항, 제3항, 제6조 제1항 등 관련 법령의 규정 내용과 체계에 비추어 보면, 원칙적으로 부동산에 관한 물권을 명의신탁 약정에 의하여 명의수탁자 명의로 등기한 경우 명의신탁자에게는 과징금을 부과하게 되어 있으므로, 명의신탁자와 명의수탁자가 이른바 계약명의신탁을 맺고 명의수탁자가 당사자가 되어 명의신탁약정이 있다는 사실을 알지 못하는 소유자와 부동산에 관한 매매계약을 체결한 후 매매계약에 따라 당해 부동산의 소유권이전등기를 수탁자 명의로 마친 경우에는, 비록 부동산실명법 제4조 제2항 단서에 따라 명의수탁자가 당해 부동산의 완전한 소유권을 취득하게 된다고 하더라도, 부동산실명법 제5조 제1항에 정하는 과징금 부과대상에 해당된다(대법원 2012. 4. 26. 선고 2011두26626 판결 참조).

원고의 주장대로 이 사건 아파트에 관한 명의신탁이 계약명의신탁에 해당하고 계약상대방이 선의여서 부동산실명법 제4조 제2항 단서에 따라 명의수탁자인 B가 이 사건 아파트의 완전한 소유권을 취득한다고 하더라도, 명의신탁자인 원고는 부동산실명법 제5조 제1항이 정한 과징금 부과대상에 해당한다.

[설명]

부동산실명법 제5조 제1항은 부동산 명의신탁약정에 따라 명의수탁자 명의로 등기한 경우 명의신탁자에 대하여 과징금을 부과하도록 하고 있고, 그 명의신탁약정의 유형이나 명의수탁자가 해당 부동산의 소유권을 취득하였는지 여부는 묻지 않는다. 계약명의신탁에서 매도인이 선의인 경우 명의수탁자가 소유권을 취득하는 것은 거래의 안전을 위한 부동산실명법 제4조 제2항 단서의 예외규정이 적용된 결과일 뿐이고, 금지되어 무효인 명의신탁약정이 있는 점과 그 약정에 따른 등기를 한 사실 자체는 인정되기 때문에, 과징금부과대상에서 제외된다고 해석할 이유가 없다.

43

법원의 재산분할 심판 후 장기간 소유권이전등기를 하지 않은 경우에도 부동산실명법상 과징금 부과대상이 되는지 여부

(대전지방법원 2014. 6. 11. 선고 2013구합101547 판결)

[사건 개요]

원고의 처였던 乙은 원고를 상대로 대전지방법원 98드5882 이혼청구의 소를 제기하여, 1998. 10. 19. 이혼판결을 선고받아 확정됨.

이후 원고는 乙을 상대로 재산분할 심판청구(대전지방법원 2000느단 624)를 하여 '乙은 원고에게 재산분할로서 이 사건 부동산에 관하여 이 심판 확정일자 재산분할을 원인으로 한 소유권이전등기절차를 이행하라.'는 결정을 받았고, 이는 2004. 1. 7. 확정됨.

원고는 2011. 8. 11. 재산분할을 원인으로 하여 이 사건 부동산에 관한 지분소유권이전등기를 마쳤고, 피고는 2011. 9. 16. 원고에게 부동산 실권리자명의 등기에 관한 법률 제10조 제1항(장기미등기) 규정을 위반(판결 확정일로부터 3년 이내 소유권이전등기 미이행)하였다는 이유로, 과징금

11,524,720원의 부과처분(이하 '이 사건 과징금 부과처분')을 함.

[법원의 판단]

침익적·제재적 행정처분의 근거가 되는 행정법규는 엄격하게 해석하여야 하고, 특히 과징금의 부과와 같이 재산권의 직접적인 침해를 가져오는 처분은 법령에 그 요건 및 절차가 명백히 규정되어 있어야 한다(대법원 1999. 5. 28. 선고 99두1571 판결 등 참조).

행정법규의 엄격해석의 원칙 및 이 사건 규정의 입법취지 등에 비추어 보면, 이 사건 규정의 '장기미등기자'는 부동산등기 특별조치법 제2조 제1항, 제11조 및 법률 제4244호 부동산등기특별조치법 부칙 제2조의 적용을 받는 자, 즉 '부동산의 소유권 이전을 내용으로 하는 계약을 체결한 자'를 말하므로, 매매, 교환, 증여 등 계약을 원인으로 소유권이전등기를 신청하여야 하는 자는 이에 해당하나, '계약'이 아닌 회사의 분할, 합병, 경락, 판결 등을 원인으로 하여 소유권이전등기를 신청하여야 하는 자는 이에 해당하지 않는다. 이 사건에서 원고는 乙과 계약이 아니라 법원의 재산분할 심판을 원인으로 한 소유권이전등기를 한 자이므로, 이 사건 규정상의 '장기미등기자'에 해당하지 않는다(이 사건 과징금 부과처분은 당연무효라고 판단).

[설명]

부동산 실권리자명의 등기에 관한 법률(이하 '부동산실명법'으로 약칭)

은 부동산에 관한 물권을 명의신탁약정에 따라 명의수탁자에게 등기한 경우 명의신탁자에게 부과하는 '명의신탁등기 과징금(제5조 제1항)'과 부동산의 소유권이전을 내용으로 하는 계약을 체결하고 반대급부의 이행이 사실상 완료된 날부터 3년 이내에 소유권이전등기를 신청하지 아니한 등기권리자 등에게 부과하는 장기미등기 과징금(제10조 제1항)을 두고 있다. 부동산실명법이 명의신탁등기 과징금 외에 장기미등기 과징금을 별도로 둔 이유는 미등기 상태를 이용한 사실상의 명의신탁을 규제하고, 명의신탁을 미등기로 위장하여 부동산실명법의 적용을 회피하고자 하는 시도를 차단함으로써, 부동산등기 제도를 악용한 투기·탈세나 탈법행위 등 반회적 행위를 방지하고 부동산거래의 정상화와 부동산 가격의 안정을 도모하기 위함이다(헌법재판소 2013. 2. 28.자 2012헌바263 결정 참조).

이러한 장기미등기 과징금의 부과요건과 관련하여, 부동산실명법 제10조 제1항 각호는 계약당사자가 서로 대가적인 채무를 부담하는 경우에는 반대급부의 이행이 사실상 완료된 날부터, 계약당사자의 어느 한쪽만이 채무를 부담하는 경우에는 그 계약의 효력이 발생한 날부터 각 3년 이내에 소유권이전등기를 신청하지 아니한 등기권리자로 정하고 있다. 즉, 장기미등기자 요건과 관련하여, 등기원인은 '계약'으로, 미등기한 등기의 종류는 '소유권이전등기'로 각 규정하고 있다.

이에 따라 대법원 2017. 1. 12. 선고 2014두43653 판결은 「부동산 실권리자명의 등기에 관한 법률 제10조 및 부동산등기 특별조치법 제2조 제1항에 의하면 부동산에 관한 장기미등기로 인한 과징금은 "소유권이전을 내용으로 하는 계약을 체결한 자"에 한하여 부과하도록 규정하고 있으므로 상속으로 인한 취득의 경우는 과징금 부과 대상에 해당하지 않는다.」고 판단한 바 있다.

서울고등법원 2009. 4. 22. 선고 2008누29221 판결 역시 「부동산등기특별조치법 제2조 제1항 및 부동산실명법 제10조 제1항은 소유권이전등기 신청의무의 기산일을 '계약당사자가 서로 대가적인 채무를 부담하는 경우에는 반대급부의 이행이 사실상 완료된 날' 또는 '계약당사자의 일방만이 채무를 부담하는 경우에는 그 계약의 효력이 발생한 날'이라고 규정하고 있는데, 이는 매매계약 또는 증여계약 등을 통해 부동산을 취득하게 된 경우를 상정하고 있고, 이 사건과 같이 '대물변제' 또는 담보가등기의 실행절차를 통하여 부동산을 취득하는 경우를 상정한 것으로 보이지는 않는다.」고 판단한 바 있다.

위와 같이 장기미등기 과징금 부과요건과 관련하여, '장기미등기자'를 소유권이전을 내용으로 하는 계약을 체결한 자로 한정한다면, 계약이 아닌 법원의 판결이나 심판, 상속 등을 통해 소유권이전등기를 하게 된 자의 경우 이에 해당하지 않게 된다. 대상판결 사안의 경우도 법원의 재산분할심판에 따라 부동산의 지분소유권이전등기를 하게 된 경우이므로, 위 과징금 부과요건인 장기미등기자에 해당하지 않는다고 판단한 것이다.

44

매매예약완결일로부터 3년이 경과하도록 소유권이전등기를 하지 않은 가등기담보채권자가 장기미등기자에 해당하는지 여부

(광주고등법원 2021. 7. 22. 선고 2021누10353 판결)

[사건 개요]

원고는 2012. 5. 2.부터 2014. 1. 14.까지 B에게 합계 382,531,990원(이하 '이 사건 차용금')을 대여하였고, 이를 담보하기 위해 2014. 7. 18. B와 사이에 이 사건 부동산에 관하여 매매예약의 예약권리자는 원고, 매매완결일자는 2015. 7. 18.로 하되, 위 완결일자가 경과하는 경우 원고의 매매완결의 의사표시가 없어도 당연히 매매가 완결된 것으로 보기로 하는 취지의 내용을 담은 매매예약계약(이하 '이 사건 매매예약')을 체결하고, 2014. 7. 22. 이 사건 부동산에 관하여 위 매매예약을 원인으로 한 이 사건 가등기를 마침.

이 사건 매매예약 체결 당시 이 사건 부동산의 가액은 4억 원이었고, 당시 이 사건 부동산에는 선순위근저당권이 설정되어 있었는데, 그 피담보채무액의 합계는 약 1억 7천만 원이었음. B는 원고에게 이 사건 가등기를 설정하여 주면서, 원고가 담보권을 실행할 상황이 생기면 원고에게 손해가 없도록 미리 선순위 근저당권을 말소하기로 약속함.

피고(해남군수)는 원고가 매매예약완결일인 2015. 7. 18.로부터 3년이 경과한 2019. 6.경에야 이 사건 부동산에 관한 소유권이전등기를 하자 부동산실명법 제10조에 기하여 과징금부과처분을 하였음.

[법원의 판단]

부동산실명법 제10조 제1항, 부동산등기 특별조치법 제2조 제1항은 부동산의 소유권이전을 내용으로 하는 계약을 체결한 자가 서로 대가적인 채무를 부담하는 경우에 대가관계에 있는 반대급부의 이행을 사실상 완료하는 등 소유권이전등기청구권을 행사할 수 있음에도 3년 이내에 소유권이전등기를 신청하지 아니한 이른바 장기미등기자에게는 부동산 평가액의 100분의 30의 범위에서 과징금을 부과하도록 정하고 있는 바, 채권담보의 목적으로 부동산에 관하여 가등기를 경료하는 가등기담보계약은 채무자가 변제기에 이르기까지 채무를 변제하지 못하는 경우 가등기담보권자가 담보권을 실행하여 부동산에 관한 소유권을 취득할 수 있도록 하는 점에서 부동산의 소유권이전을 내용으로 하는 계약에 해당한다 할 것이다 (대법원 2009. 9. 10. 선고 2009두7530 판결 참조). 따라서 원고는 부동산실명법 제10조 제1항, 부동산등기 특별조치법 제2조 제1항에서 규정한 '부동산의 소유권이전을 내용으로 하는 계약을 체결한 자'에 해당한다.

이 사건 매매예약상의 예약완결일이 2015. 7. 18.로 되어 있으므로, 2015. 7. 18.까지 이 사건 차용금을 변제하지 못하면 곧바로 이 사건 부동산에 관하여 소유권이전등기를 마칠 수 있는 상태가 되고, 특별한 사정이 없는 한 이때를 부동산실명법 제10조 제1항 제1호에서 규정한 '반대급부의 이행이 사실상 완료된 날'이라고 볼 수 있다. 그러나 … 중략 … 차용금에 대한 담보 목적으로 매매예약을 한 경우에 비록 그 예약완결일 또는 변제기가 도래하였다 하더라도 채권자는 얼마든지 매매예약서상의 기재에도 불구하고 명시적 또는 묵시적으로 예약완결일 또는 변제기를 연장할 수 있다고 할 것인데, 위 인정 사실에 의하면, 원고는 이 사건 매매계약상 예약완결일 또는 변제기가 도래하였음에도 B가 이 사건 부동산을 매도할 때까지 명시적 또는 묵시적으로 예약완결일 또는 변제기를 연장하였고, 이 사건 부동산에 관한 공매절차가 진행되어 B가 이 사건 부동산을 매도하는 것이 불가능해진 2019. 6.경에서야 예약완결일 또는 변제기가 도래하였다고 봄이 상당하다. 따라서 이 사건 매매예약상의 예약완결일인 2015. 7. 18.이 부동산실명법 제10조 제1항 제1호에서 규정한 '반대급부의 이행이 사실상 완료된 날'이라고 볼 수는 없다고 할 것이므로, 위 2015. 7. 18.에 반대급부의 이행이 사실상 완료되었음을 전제로 원고가 장기미등기자에 해당한다고 본 이 사건 처분은 위법하다. (원고 청구 인용)

[설명]

부동산 실권리자명의 등기에 관한 법률(이하 '부동산실명법'으로 약칭)은 명의신탁자뿐만 아니라, 장기미등기자에 대하여도, 여러 가지 제재를 가하고 있다. 먼저 부동산평가액의 100분의 30의 범위에서 과징금부과처분을 부과하고(제10조 제1항), 5년 이하의 징역 또는 2억 원 이하의 벌금에 처할 수 있도록 하고 있을 뿐 아니라(제10조 제5항), 과징금을 부과받고도 소유권이전등기를 신청하지 않을 경우 이행강제금까지 부과하도록 하고 있다(제10조 제4항).

부동산실명법상 '장기미등기자'는 계약당사자가 서로 대가적인 채무를 부담하는 경우에는 반대급부의 이행이 사실상 완료된 날, 계약당사자의 어느 한쪽만이 채무를 부담하는 경우에는 그 계약의 효력이 발생한 날로부터 3년 이내에 소유권이전등기를 신청하지 않은 경우를 말한다(제10조 제1항). 다만, 부동산실명법 제4조 제2항 본문 및 제12조 제1항에 따라 등기의 효력이 발생하지 아니하여 새로 등기를 신청하여야 할 사유가 발생한 경우와 등기를 신청하지 못할 정당한 사유가 있는 경우는 예외를 인정하고 있다(제10조 제1항 단서).

부동산 실권리자명의 등기에 관한 법률 제10조 및 부동산등기 특별조치법 제2조 제1항에 의하면 부동산에 관한 장기미등기로 인한 과징금은 "소유권이전을 내용으로 하는 계약을 체결한 자"에 한하여 부과하도록 규정하고 있는데(대법원 2017. 1. 12. 선고 2014두43653 판결), 대상판결 사안과 같이 대여금 채무의 담보를 위하여 매매예약을 하고, 가등기를 경료한 경우에도 예약완결권을 행사함으로써 소유권이전등기를 할 수 있게 된다. 따라서 대상판결 사안에서 원고는 부동산실명법 제10조 제1항, 부동산등기 특별조치법 제2조 제1항에서 규정한 '부동산의 소유권이전을 내용으로 하는 계약을 체결한 자'에 해당하고, 특별한 사정이 없는 한 '반대급부의 이행이 사실상 완료된 날'로부터 3년 내에 소유권이전등기 신청을 하지 않을 경우 장기미등기자에 해당하게 된다.

그렇다면, 대상판결 사안과 같은 담보가등기 등의 경우 '반대급부의 이행이 사실상 완료된 날'을 언제로 볼 것인가?, 이와 관련하여, 대상판결은 특별한 사정이 없는 한 이 사건 매매예약상의 예약완결일을 부동산실명법 제10조 제1항 제1호에서 규정한 '반대급부의 이행이 사실상 완료된 날'이라고 볼 수 있다고 판단하였다. 그러나 가등기담보 등에 관한 법률 제3조 및 제4조의 취지에 의할 때, 소유권이전등기의무 해태기간의 기산일은 매매예약완결일 또는 변제기가 아닌, 가등기담보권자가 소유권이전등기 청구권을 행사할 수 있는 때로서 청산기간이 경과한 후 청산금을 지급하는 등 청산절차가 종료된 때로 보아야 한다(대법원 2009. 9. 10. 선고 2009도5031 판결 참조). 이에 위 2009도5031 판결에서는 담보가등기를 설정하고, 채권자가 변제기를 계속 연장하여 주던 중 채무자가 사망하기에 이르자 비로소 소유권이전등기를 경료한 사례에서, 소유권이전등기일로부터 3년 이전에 가등기담보권자가 취하여야 할 청산절차를 마쳐 소유권이전등기청구권을 행사할 수 있게 되었다고 볼 자료가 없다고 보아 장기미등기자로 볼 수 없다고 판단한 바 있다.

대상판결 사안에서 법원은 차용금에 대한 담보 목적으로 매매예약을 한 경우에 비록 그 예약완결일 또는 변제기가 도래하였다 하더라도 채권자는 얼마든지 매매예약서상의 기재에도 불구하고 명시적 또는 묵시적으로 예약완결일 또는 변제기를 연장할 수 있음을 근거로 삼았으나, 오히려 위와 같이 청산절차를 거치지 않았다는 점에서 장기미등기자로 볼 수 없다고 판단된다(실제로 위 사안에서 원고는 청산절차를 마치기 전에는 소유권이전등기청구권을 행사할 수 있는 때라고 볼 수 없으므로, 3년의 해태기간이 지나지 않았다고 주장하였다.).

한편, 대상판결 사안의 경우 법원은 원고에게 부동산실명법 제10조 제1항 단서에서 규정한 예외사유, 즉 등기를 신청하지 못할 정당한 사유가 있다고도 보았다. 담보권을 실행할 것인지 여부는 원칙적으로 담보권자의 자유의사에 따라 결정되는 것이고, 담보권자가 장기간 동안 담보권을 실행하지 않는다고 하여 부동산등기제도를 악용한 투기·탈세 등과 같은 반사회적 행위를 초래한다고 보이지도 않고, 이 사건 부동산에 설정된 선순위 근저당권으로 인하여 이 사건 부동산의 순 가액이 이 사건 차용금에 미치지 못하는 상황에서 본등기에 앞서 선순위 근저당권을 미리 말소하기로 한 B의 약속 및 예약완결일 이후라도 이 사건 부동산을 처분하여 채무를 해결하겠다는 B의 요청을 받아들여 원고가 담보권을 행사하지 않고 차용금의 변제기를 유예한 것을 비난하기는 어렵기 때문이다.

45

민법상 조합관계에 있는 명의신탁자들에 대한 과징금 산정 방식

(수원고등법원 2021. 4. 30. 선고 2020누13888 판결)

[사건 개요]

원고 등 12명과 G는 부동산 관련 과목 수강을 통해 알게 된 사이로, 이 사건 부동산을 공동으로 매수하여 개발한 다음 전매하여 시세차익을 얻기로 합의하고, 2011. 1. 26. 부동산 임의경매절차에서 G 명의로 이 사건 부동산을 낙찰받은 후 2012. 2. 8. G 명의로 소유권이전등기를 마침(이하 '이 사건 소유권이전등기').

G는 2015. 8. 4. Q에게 이 사건 부동산에 관하여 2015. 6. 24.자 매매를 원인으로 소유권이전등기를 마쳐 줌.

피고(평택시안중출장소장)는 2018. 5. 23. 원고 등 12명의 명의신탁자들에게 부동산실명법 제5조 및 같은 법 시행령 제3조의2에 따라 명의신탁관계 종료시점인 2015년 기준 이 사건 부동산의 공시지가에 의한 평가액 합계 480,813,600원에 과징금 부과율 20%[=5%(부동산평가액 5억원 이하)+15%(의무위반 경과기간 2년 초과)]를 곱하여 산정한 과징금 96,162,720원을 부과하는 처분을 함(이하 '이 사건 처분').

원고 등은 이 사건 과징금 중 지분율에 따른 금액만 부과하여야 함에도, 피고는 지분율이 분명하지 않다는 이유로 이 사건 과징금 전액을 연대하여 납부하도록 한 것은 위법하다고 주장.

[법원의 판단]

원고 등 12명 및 G는 이 사건 부동산을 회원들의 공유가 아닌 동업체의 재산에 귀속시키고 회원 전원의 의사에 기하여 회원 전원의 계산으로 처분을 한 후 그 이익을 분배할 것을 목적으로 하는 동업체 관계로 봄이 타당하므로, 민법상 조합에 해당한다.

매수인들이 상호 출자하여 공동사업을 경영할 것을 목적으로 하는 조합이 조합재산으로서 부동산의 소유권을 취득하였다면 민법 제272조 제1항의 규정에 의하여 당연히 그 조합체의 합유물이 되고, 다만 그 조합체가 합유등기를 하지 아니하고 그 대신 조합원 1인의 명의로 소유권이전등기를 하였다면 이는 조합체가 그 조합원에게 명의신탁한 것으로 보아야 한다(대법원 2006. 4. 13. 선고 2003다25256 판결, 대법원 2019. 6. 13. 선고 2017다246180 판결 등 참조). 또한 조합원들 전부가 그중 1인에게 명의신탁을 하였다면 적어도 그 등기명의자를 제외한 나머지 조합원들은 각자 그 지분의 범위에서 명의신탁을 한 자로서 그에 상응하는 과징금을 부과받는 것이 타당하다(대법원 2012. 4. 26. 선고 2011두26626 판결, 대법원 2017. 1. 18.자 2016두54206 판결 등 참조). 따라서 G를 제외한 나머지 원고 등 12명의 명의신탁자들은 각자 명의신탁한 지분의 범위에 상응하는 과징금을 부과받아야 할 것인데, 피고는 원고 등 12명의 명의신탁자들에게 이 사건 부동산 전체를 기준으로 산정한 이 사건 과징금 전액을 부과하였으므로, 이 사건 처분은 원고 등 12명의 각자 지분에 상응하는 과징금의 범위를 넘는 한도에서 위법하다.

민법 제712조에서는 "조합채권자는 그 채권발생 당시에 조합원의 손실부담의 비율을 알지 못한 때에는 각 조합원에게 균분하여 그 권리를 행사할 수 있다."고 규정하고 있으므로, 피고는 원고 및 선정자를 비롯한 조합원들의 지분비율 내지는 손실부담비율을 특정하지 못하더라도 위 규정에 따라 원고 등 12명에게 균분하여 이 사건 과징금 채권을 행사할 수 있다고 봄이 타당하다. [정당한 과징금: 이 사건 부동산 가액 480,813,600×원고 등 12명의 각 지분 1/13×과징금 부과율 20%=7,397,132원(원 미만 버림.)]

외형상 하나의 행정처분이라 하더라도 가분성이 있거나 그 처분대상의 일부가 특정될 수 있다면 일부만의 취소도 가능하고 그 일부의 취소는 당해 취소부분에 관하여 효력이 생긴다고 할 것임(위 정당한 과징금을 초과하는 부분만 위법하여 취소함.).

[설명]

부동산실명법 제5조는 명의신탁자에게 해당 부동산 가액의 100분의 30에 해당하는 금액의 범위에서 과징금을 부과하도록 하고 있다(제1항). 그리고 과징금 산정기준을 살펴보면, 과징금 금액은 부동산 평가액에 과징금 부과율을 곱하여 산정하는데, 먼저, 과징금 산정 기준이 되는 부동산 가액은 소유권의 경우 과징금을 부과하는 날 현재 소득세법 제99조에 따른 기준시가로 하되, 부과 시점에 이미 명의신탁관계를 종료하였을 경우 그 종료 시점의 부동산 가액을 기준으로 한다(제2항 단서 1호). 그리고 소득세법 제99조 제1항 제1호는 토지의 경우 개별공시지가를 기준지가로 보고 있다.

다음으로 과징금 부과비율은 부동산평가액이 5억 원 이하인 경우 5%, 5억 원 초과 30억 원 이하인 경우 10%, 30억 원 초과인 경우 15%로 하되, 의무위반 경과기간이 1년 이하인 경우 5%, 1년 초과 2년 이하인 경우 10%, 2년 초과인 경우 15%의 부과율을 합산한 부과율을 적용한다(부동산실명법 시행령 제3조의2 별표). 위 사안의 경우 이 사건 부동산의 개별공시지가가 5억 원 미만이므로 5%와 2년 이상 의무위반 상태가 지속되었으므로 15%를 합산한 부과율이 적용된다.

다음으로, 위 사안의 경우 매수인들이 상호 출자하여 공동사업을 경영할 것을 목적으로 이 사건 부동산의 소유권을 취득한 경우로서 이 사건 부동산은 민법 제271조 제1항의 규정에 의하여 당연히 그 조합체의 합유물이 되고, 다만 그 조합체가 합유등기를 하지 않고, 그 대신 조합원 1인의 명의로 소유권이전등기를 하였기 때문에, 등기명의자를 제외한 조합원들이 등기명의자인 조합원에게 명의신탁한 것으로 보게 된다(대법원 2006. 4. 13. 선고 2003다25256 판결 참조). 이러한 경우도 부동산실명법상 허용되는 예외사유에 해당하지 않으므로, 과징금 부과대상이 되고, 다만, 명의신탁자의 지위에 있는 조합원들에 대한 과징금 부과에 있어서는 각자 그 지분의 범위에서 명의신탁을 한 자로서 그에 상응하는 과징금을 부과받는 것이 타당하다고 본 것이다.

46

부동산실명법상 과징금 액수 산정 시 부동산 평가액에서 근저당권 피담보채무액을 공제하여야 하는지 여부

(수원지방법원 2021. 3. 18. 선고 2020구합1057 판결)

[사건 개요]

원고는 B를 상대로 이 사건 토지(농지)에 관한 소유권이전등기절차 이행을 구하는 소를 제기하였고, 2019. 11. 11. B는 원고에게 이 사건 토지 중 1/2 지분(이하 '이 사건 지분')에 관하여 명의신탁해지를 원인으로 하는 소유권이전등기를 이행하라는 화해권고결정을 받아 같은 달 29. 그대로 확정됨.

원고는 2019. 12. 5. 위 지분에 관하여 원고 명의의 소유권이전등기를 마침.

피고(화성시장)는 2019. 12. 26. 원고에게 부동산실명법(명의신탁) 관련 소명 자료를 요청하였고, 원고는 소명 자료를 제출하였으나, 피고는 2020. 2. 10. 부동산 실권리자명의 등기에 관한 법률(이하 '부동산실명법') 제3조를 위반하였다는 이유로 같은 법 제5조 및 같은 법 시행령 제3조의2 본문에 따라 산정한 과징금 41,611,600원을 부과·고지(이 사건 처분)함.

원고는 1) 이 사건 토지는 원고가 원고의 부친으로부터 대물변제로 받은 것인데, 다만 원고가 당시 농지를 취득할 수 있는 자격을 갖추지 못하여 동생인 B 앞으로 소유권을 이전해 놓았던 것이므로, 투기, 탈세 등을 하거나 조세포탈, 강제집행면탈, 법령상 제한을 회피할 목적이 없었고, 따라서 이 사건 처분은 위법하고, 2) 원고는 이 사건 토지에 설정된 근저당권채무 1억 6,400만 원을 인수하는 조건으로 이 사건 지분에 관한 소유권이전등기를 마쳤으므로, 위 인수채무를 부동산 평가액에서 공제하지 않은 채 과징금을 산정한 것은 재량권을 일탈·남용한 것으로서 위법하다고 주장함.

[법원의 판단]

원고가 언급하는 조세포탈, 강제집행의 면탈 또는 법령상 제한의 회피 목적은 명의신탁이 종중, 배우자, 종교단체 사이에서 이루어졌을 때 고려될 사항일 뿐 아니라(부동산실명법 제8조), 원고의 주장 자체에 의하더라도 원고는 당시 농지법상의 제한을 회피하기 위하여 이 사건 토지의 등기를 동생인 B 앞으로 해 두었다는 것이므로, 법령상 제한 회피 목적이 없었다고 할 수 없다.

부동산실명법상 과징금의 액수를 산정함에 있어 부동산 평가액에서 그에 경료되어 있는 근저당권 채무액수를 공제하는 방법으로 산정할 수 있는 방법이 마련되어 있지 않을 뿐만 아니라, 만약 원고의 주장과 같은 방법으로 근저당권 등 담보 물권을 공제하여 부동산의 가액을 평가하게 되면, 담보물권의 피담보채무액이 많을수록 명의신탁자(위반자)가 적은 액수의 과징금을 부담하게 되어 오히려 경제에 미치는 영향력이 큰 부동산을 명의신탁하는 경우에도 적은 과징금을 부과하는 등으로 부동산실명법의 취지를 왜곡하게 될 가능성이 있으므로 이를 받아들일 수 없다.

[설명]

부동산실명법은 해당 명의신탁이 조세포탈이나 법령상 제한을 회피할 목적이 아닌 경우라고 해서 과징금 부과처분의 예외를 인정하고 있지 않고 있다. 따라서 대상판결 사안에서 위와 같은 목적이 없었다는 이유만으로 이 사건 처분이 위법하다는 원고의 주장은 받아들여지기 어렵다. 다만, 부동산실명법 시행령 제3조의2는 단서에서 "조세를 포탈하거나 법령에 의한 제한을 회피할 목적이 아닌 경우에는 과징금의 100분의 50을 감경할 수 있다고 규정하고 있다."고 규정하고 있으므로, 위와 같은 감경사유가 있음에도, 이를 전혀 고려하지 않거나 감경사유에 해당하지 않는다고 오인하고 과징금 감경을 하지 않았다면, 그 과징금 부과처분은 재량권을 일탈·남용한 것으로 볼 수 있다(명의신탁 사례 40번 청주지방법원 2021. 5. 13. 선고 2020구합1020 판결 참조). 그러나 이 사건의 경우 원고 주장에 의하더라도 농지법상 제한을 회피하기 위하여 명의신탁을 한 경우이므로, 위와 같은 과징금 감경사유에 해당하는 것으로 보기도 어렵다.

다음으로 과징금 액수의 산정과 관련하여 살펴보면, 부동산실명법 제5조 제1항 제1호는 해당 부동산 가액의 100분의 30에 해당하는 금액의 범위에서 과징금을 부과하되, 그 부동산 가액은 과징금을 부과받은 날 이미 명의신탁관계를 종료하였거나 실명등기를 하였을 때에는 명의신탁관계 종료 시점 또는 실명등기 시점의 소득세법 제99조에 따른 기준시가를 기준으로 하도록 정하고 있다. 이 사건의 경우 적어도 원고와 B 사이의 소유권이전등기청구 사건에서 명의신탁해지를 원인으로 하는 소유권이전등기를 이행하라는 화해권고결정이 확정된 시점(2019. 11. 29.)에는 명의신탁관계가 종료되었음이 분명하다. 따라서 명의신탁관계 종료 시점의 소득세법 제99조에 따른 기준시가(즉, 토지의 경우 개별공시지가)가 과징금 산정의 기준이 된다.

나아가 대상판결 사안에서는 근저당권 등 담보물권에 의하여 담보되는 피담보채무액은 당해 부동산의 실제 가치에서 제외되어야 하므로, 위와 같이 명의신탁관계 종료 시점의 기준시가에서 이를 공제한 금액을 기준으로 과징금을 산정하여야 하는지가 문제되었다. 법원은 이를 공제하는 방법으로 산정할 수 있는 방법이 마련되어 있지 않다는 등의 이유를 들어 원고의 주장을 받아들이지 않았지만, 당해 부동산의 실제 경제적 가치라는 측면에서 보면, 그 피담보채무액까지 포함하여 과징금 산정이 되는 것은 과징금 부과대상자 입장에서는 억울한 측면이 있을 수 있다. 피담보채무액의 경우 과징금 산정 시 일률적으로 반영하지 않을 것이 아니라, 이와 관련하여 과징금 부과기준을 좀 더 세분화할 필요가 있어 보인다. 다만, 그러한 입법이 되기 전까지는 해석상으로는 과징금 산정 시 피담보채무액을 기준시가에서 공제하는 것은 어렵고, 나아가 명의신탁 행위가 적발되는 경우에 대비하여 가장된 피담보채무액을 내세워 과징금을 줄이려는 시도로 인해 부동산실명법의 입법목적을 달성할 수 없게 될 우려도 있다는 점도 고려되어야 할 것이다.

47

명의신탁자에 대한 과징금 부과처분이 회생절차 개시 이후에 있었던 경우에도 회생계획인가 결정으로 인해 과징금에 대한 면책이 되는지

(서울고등법원 2021. 5. 26. 선고 2020누63742 판결)

[사건 개요]

원고는 2001. 8. 9.부터 이 사건 부동산을 M에게 명의신탁하였고, 이에 대하여 피고(포천시장)는 2019. 6. 12. 부동산실명법 제3조 제1항을 위반하였음을 이유로 원고에게 과징금 부과처분(이하 '이 사건 처분')을 함.

원고는 2016. 10. 28. 의정부지방법원 2016회합1010 사건에서 회생절차가 개시되어 2017. 5. 1. 회생계획인가결정이 있었고, 2017. 9. 4. 그 회생절차가 종결되었는데, 피고의 과징금 청구권은 회생채권으로 신고되지 아니함.

원고는 피고의 과징금 청구권은 채무자회생 및 파산에 관한 법률 제251조 본문에 따라 면책의 효력이 생겨 피고는 더 이상 과징금 부과권을 행사할 수 없으므로, 이 사건 과징금 부과처분은 위법하다고 주장함.

[법원의 판단]

채무자에 대한 회생절차개시 전에 과징금 부과의 대상인 행정상의 의무위반행위 자체가 성립하고 있으면, 그 부과처분이 회생절차개시 후에 있는 경우라도 그 과징금 청구권은 회생채권이 되고, 장차 부과처분에 의하여 구체적으로 정하여질 과징금 청구권이 회생채권으로 신고되지 아니한 채 회생계획인가결정이 된 경우에는 채무자회생법 제251조 본문에 따라 그 과징금 청구권에 관하여 면책의 효력이 생겨 행정청이 더 이상 과징금 부과권을 행사할 수 없다. 따라서 그 과징금 청구권에 관하여 회생계획인가결정 후에 한 부과처분은 부과권이 소멸된 뒤에 한 부과처분이어서 위법하다(대법원 2013. 6. 27. 선고 2013두5159 판결 참조). (이 사건 처분은 피고의 과징금 부과권이 소멸된 후에 한 처분이므로 위법하여 취소되어야 함.)

[설명]

채무자회생 및 파산에 관한 법률 제251조(회생채권 등의 면책 등)는 "회생계획인가의 결정이 있는 때에는 회생계획이나 이 법의 규정에 의하여 인정된 권리를 제외하고는 채무자는 모든 회생채권과 회생담보권에 관하여 그 책임을 면하며, 주주·지분권자의 권리와 채무자의 재산상에 있던 모든 담보권은 소멸한다. 다만, 제140조 제1항의 청구권은 그러하지 아니하다."고 규정하고 있다. 따라서 과징금 청구권이 회생채권에 해당하고, 채무자회생 및 파산에 관한 법률 제251조 단서 및 제140조 제1항의 청구권에 해당하지 않는다면, 그 청구권이 회생계획 등에 의하여 인정되지 않은 이상 회생계획인가 결정으로 인해 면책된다.

먼저, '회생채권'과 관련하여 살펴보면, 채무자 회생 및 파산에 관한 법률 제118조 제1호는 '채무자에 대하여 회생절차개시 전의 원인으로 생긴 재산상의 청구권'을 회생채권의 하나로 정하고 있다. 행정상의 의무위반행위에 대하여 과징금을 부과하는 경우에 과징금 청구권은 위 조항에서 정한 재산상의 청구권에 해당하므로, 과징금 청구권이 회생채권인지는 결국 그 청구권이 회생절차개시 전의 원인으로 생긴 것인지에 따라 결정된다(대법원 2018. 6. 15. 선고 2016두65688 판결). 그리고 채무자에 대한 회생절차개시 전에 과징금 부과의 대상인 행정상의 의무위반행위 자체가 성립하고 있으면, 부과처분이 회생절차개시 후에 있는 경우라도 과징금 청구권은 회생채권이 된다(대법원 2018. 6. 12. 선고 2016두59102 판결).

다음으로 회생절차개시 전의 벌금·과료·형사소송비용·추징금 및 과태료의 청구권은 회생계획인가의 결정이 있더라도 면책되지 않는다는 채무자 회생 및 파산에 관한 법률 제140조 제1항, 제251조 단서 규정은 회생계획인가의 결정에 따른 회생채권 등의 면책에 대한 예외를 정한 것으로서 그에 해당하는 청구권은 한정적으로 열거된 것으로 보아야 하고, 과징금 청구권은 위 규정에 열거되지 않았으므로, 회생계획인가의 결정이 있더라도 면책되지 않는 청구권에 해당한다고 볼 수 없다(대법원 2013. 6. 27. 선고 2013두5159 판결).

마지막으로 부동산 실권리자명의 등기에 관한 법률 제5조 제1항 제1호는 같은 법 제3조 제1항을 위반한 명의신탁자에 대하여 해당 부동산 가액의 100분의 30에 해당하는 금액의 범위에서 과징금을 부과하도록 하고 있다. 따라서 명의신탁등기가 마쳐졌다면, 위 법 제3조 제1항을 위반한 행위 자체가 성립하고 있는 것이므로, 과징금 부과가 가능하고, 그것이 회생절차개시 전이라면 회생채권에 포함된다. 그럼에도, 행정청이 명의신탁에 대한 과징금 청구권을 회생채권으로 신고하지 않아 회생계획에 포함되지 않은 채로 회생계획인가결정이 된 경우에는 과징금 청구권에 관하여 면책의 효력이 생겨 행정청이 더 이상 과징금 부과권을 행사할 수 없게 된다. 그리고 이와 같이 과징금 부과권이 소멸한 후에 이루어진 과징금 부과처분은 위법함을 면치 못하게 된다.

대상판결 사안의 경우 회생절차개시 전인 2001. 8. 9.부터 이 사건 부동산을 M에게 명의신탁하였으므로, 회생채권에 포함됨에도, 피고의 과징금 청구권이 회생채권으로 신고되지 아니한 채 회생계획인가결정이 이루어졌다. 따라서 채무자 회생 및 파산에 관한 법률 제251조 본문에 따라 면책의 효력이 생겨 피고로서는 과징금 부과를 할 수 없게 되었음에도, 이 사건 처분을 하였으므로 위법하다고 판단된 것이다.

제6장

명의신탁과 조세

명의신탁과 관련해서는 다양한 조세 관련 분쟁이 발생하고 있고, 전체 명의신탁 관련 소송에서 차지하는 비율도 적지 않은 편이다. 예를 들면, 명의신탁 부동산의 취득시 명의신탁자와 명의수탁자 중 누가 납세의무자가 되는지, 나아가 이미 등기명의자인 수탁자 명의로 취득세를 납부한 후 명의신탁자에게 취득세 부과를 하는 것이 이중과세로 볼 수 있는지, 명의신탁 부동산의 양도시 양도소득세 납세의무자를 누구로 볼 것인지, 명의수탁자로의 소유권이전등기가 무효가 된 경우에도 매도인이 양도소득세 납부의무가 있는지, 양도소득세 비과세 요건 또는 중과세 요건과 관련하여 명의신탁된 부동산을 포함시켜야 하는지 등이 문제되고 있다.

48

명의신탁된 부동산에 대하여 명의수탁자의 체납을 이유로 한 압류처분이 위법한지 여부

(서울고등법원 2021. 7. 1. 선고 2021누32691 판결)

[사건 개요]

이 사건 분할 전 토지(450㎡)는 원래 C 명의로 소유권이전등기가 되어 있었다가 1978. 10. 25. 각 120/272 지분에 관하여 F, E 명의로 소유권이전등기가 됨(C 지분 32/272, F와 E 각 지분 120/272).

위 분할 전 토지는 공유물분할판결에 의하여 2016. 4. 1. 289㎡는 평택시 ○○번지로 이기되고, 이 사건 토지(161㎡)는 F와 E 지분 합계 240/272 지분에 관하여 2016. 6. 2. C 명의로 소유권이전등기가 마쳐져 이 사건 토지는 모두 C 명의로 등기됨.

피고는 이 사건 토지에 관하여 C의 체납을 원인으로 2016. 11. 3. 이 사건 토지 중 240/272 지분을, 2017. 9. 6. 이 사건 토지 중 32/272 지분을 각 압류함(이 사건 각 처분).

원고는 2018. 12. 10. 이 사건 토지에 관하여 2018. 10. 20. 매매를 원인으로 한 소유권이전등기를 마침. 원고는 시아버지 D가 1978. 11. 4. C로부터 이 사건 분할 전 토지 중 C의 지분에 해당하는 32/272 지분을 매수하였으나, 농지원부가 필요하여 그 명의로 소유권이전등기를 하지 못하였고, 원고는 E가 F, C를 상대로 제기한 공유물분할 소송에서도 C를 대신하여 적극적으로 대응한 뒤 2016. 4. 19. 이 사건 토지 중 E와 F의 각 120/272 지분을 매수하였으나, 농지원부가 필요하여 부득이 C 명의로 소유권이전등기를 마치게 되었던 것으로서, 결국 이 사건 토지는 원고가 C에게 명의신탁한 것으로 실제 소유자는 원고이므로, C의 체납을 이유로 한 이 사건 각 처분은 무효라고 주장함.

[법원의 판단]

D가 C로부터 분할 전 토지의 지분을 매수하고, F, E로부터 분할 후 이 사건 토지 지분을 매수한 사실이 인정되기는 하지만, C가 이 사건 토지에 관하여 적법하게 소유권을 취득한 것으로 추정되고, 원고가 C에게 이 사건 토지를 명의신탁하였다는 점은 이를 주장하는 원고가 증명하여야 한다. 그런데, 갑 제2, 7, 8, 15, 16호증의 각 기재만으로는 원고가 C에게 이 사건 토지를 명의신탁하였다고 인정하기에 부족하다.

부동산 실권리자명의 등기에 관한 법률 제4조 제1항은 명의신탁을 무효로 하고, 같은 조 제2항은 명의신탁약정에 따른 등기로 이루어진 부동산에 관한 물권변동은 무효로 하고 있으나, 같은 법 제4조 제3항에 의하면 그 무효는 제3자에게 대항하지 못하는 바, 여기서의 '제3자'라 함은 명의신탁약정의 당사자 및 포괄승계인 이외의 자로서 명의수탁자가 물권자임을 기초로 그와 사이에 직접 새로운 이해관계를 맺은 사람으로서 압류 또는 가압류채권자도 포함하고 그의 선의·악의를 묻지 않는다(대법원 2000. 3. 28. 선고 99다56529 판결 등 참조). 앞서 본 것처럼 이 사건 토지에 관하여 납세의무자인 C 명의로 소유권이전등기가 마쳐졌고, 피고는 이 사건 토지가 C의 소유임을 기초로 이 사건 각 처분을 하였으므로, 설령 원고가 C에게 이 사건 토지를 명의신탁하였다고 하더라도 원고로서는 명의신탁 약정 및 그 등기가 무효임을 들어 제3자인 과세관청에 대항할 수도 없다.

[설명]

부동산 실권리자명의 등기에 관한 법률 제4조 제3항은 명의신탁약정의 무효와 명의신탁약정에 따른 등기로 이루어진 물권변동의 무효는 제3자에게 대항하지 못한다고 규정하고 있다. 이 규정은 제3자를 보호하기 위한 것으로서, 여기서의 '제3자'란 명의신탁 약정의 당사자 및 포괄승계인 이외의 사람으로서 명의수탁자가 물권자임을 기초로 그와 사이에 직접 새로운 이해관계를 맺은 사람을 말한다. 따라서 명의신탁 약정의 당사자인 명의신탁자(대법원 2015. 4. 23. 선고 2014다53790 판결), 명의수탁자의 일반채권자(대법원 2007. 12. 27. 선고 2005다54104 판결) 등은 여기의 제3자에 해당하지 않지만, 압류 또는 가압류채권자는 제3자에 포함되고, 이때 제3자의 선의·악의는 묻지 않는다.

대상판결 사안의 경우에도 설령 원고 주장과 같이 원고가 체납자인 C에게 이 사건 부동산을 명의신탁한 것이라고 하더라도, 압류채권자는 제3자에 해당하므로, 원고로서는 압류처분에 대항할 수 없고, 따라서 이 사건 각 압류처분은 적법하다.

49

계약명의신탁의 명의신탁자에게 취득세를 부과한 처분이 위법한지 여부

(서울동부지방법원 2011. 8. 26. 선고 2011가합6203 판결)

[사건 개요]

원고(교회)는 2006. 1. 23. 이 사건 부동산에 관한 임의경매절차에서 원고의 대표자인 A의 명의로 이 사건 부동산을 매수하여 A의 명의로 소유권 이전등기를 마침.

A는 2006. 3. 17. 서울특별시 광진구청에 이 사건 부동산에 대한 취득세와 농어촌특별세를 신고, 납부함.

서울특별시 광진구청장은 2009. 3. 10. 원고가 명의신탁자로서 이 사건 부동산에 대한 취득을 하였다는 이유로 취득세와 농어촌특별세 부과처분(이하 '이 사건 부과처분')을 고지하였고, 원고는 2009. 9. 30. 이를 모두 납부함.

원고는 피고들(서울특별시, 대한민국)을 상대로 이 사건 부과처분은 위법하고, 그 하자가 중대·명백하여 무효라 할 것이므로, 이 사건 부과처분에 따라 원고로부터 지급받은 취득세 및 농어촌특별세를 부당이득으로 반환할 것을 청구함.

[법원의 판단]

취득세는 본래 재화의 이전이라는 사실 자체를 포착하여 거기에 담세력을 인정하고 부과하는 유통세의 일종으로 취득자가 재화를 사용·수익·처분함으로써 얻을 수 있는 이익을 포착하여 부과하는 것이 아니어서 취득자가 실질적으로 완전한 내용의 소유권을 취득하는가의 여부에 관계없이 사실상의 취득행위 자체를 과세객체로 한다(대법원 2004. 11. 25. 선고 판결).

부동산을 취득하려는 사람이 매도인과 사이에 부동산에 관한 매매계약을 체결하고, 매도인에게 매매대금을 지급하되 다만, 그 소유권이전등기를 제3자와의 명의신탁약정에 따라 명의수탁자 앞으로 이전한 때, 즉 소위 3자간 등기명의신탁의 경우에 있어서는 명의수탁자 앞으로의 소유권이전등기는 무효가 된다. 이때 매도인에 대한 관계에서 부동산의 취득행위를 한 사람은 매수인이자 명의신탁자라고 할 것이고, 명의신탁자는 자신 앞으로 소유권이전등기를 마치지 않았다고 하더라도 매도인에게 매매대금 전부를 지급하여 소유권이전등기청구권을 가지게 되었으므로 그 부동산을 사실상 취득하였고 볼 것이어서 취득세 납세의무가 있다(대법원 2007.

5. 11. 선고 2005두13360 판결 등 참조).

반면에 부동산을 취득하려는 사람이 제3자와 명의신탁약정을 한 다음, 명의수탁자가 매도인과 사이에 매매계약을 체결하고, 자신 앞으로 소유권이전등기를 경료한 경우, 즉 계약명의신탁의 경우에 있어서는 매도인이 명의신탁약정사실을 알지 못하였다면, 명의수탁자는 매도인이나 명의신탁자와의 관계에 있어서 당해 부동산의 소유권을 완전하게 취득하므로 지방세법 제105조^2 제1항에 따라 명의수탁자가 취득세 납세의무를 부담한다. 비록 명의신탁자가 명의수탁자에게 매매대금을 지급하였다 하더라도 명의신탁자는 명의수탁자와 사이에서 그 부동산 자체를 취득하지 못하고, 매도인과 사이에서는 계약당사자가 아니어서 그 소유권이전등기청구권도 가질 수 없어 명의신탁자는 아무런 권리를 취득하지 못한다고 할 것이므로, 지방세법 제105조 제2항에 기한 취득세 납세의무도 없다고 봄이 타당하다.

부동산경매절차에서 부동산을 매수하려는 사람이 매수대금을 자신이 부담하면서 다른 사람의 명의로 매각허가결정을 받기로 그 다른 사람과 약정함에 따라 매각허가가 이루어진 경우 그 경매절차에서 매수인의 지위에 서게 되는 사람은 어디까지나 그 명의인이므로 경매 목적 부동산의 소유권은 매수대금을 실질적으로 부담한 사람이 누구인가와 상관없이 그 명의인이 취득한다고 할 것인 바(대법원 2008. 11. 27. 선고 2008다62687 판결), A 명의로 경료된 소유권이전등기는 위 매도인뿐만 아니라 원고에 대

2   지방세법이 2010. 3. 31. 법률 제10221호로 전부 개정되면서, 제7조로 위치가 변경되었다.

하여도 유효하여 A가 이 사건 부동산을 완전히 취득한 자라고 할 것이므로, A가 지방세법 제105조 제1항에 의하여 취득세 납세의무를 부담한다고 봄이 타당하다. (원고가 지방세법 제105조 제2항의 적용대상이 되는 부동산의 사실상 취득자임을 전제로 행하여진 이 사건 부과처분은 위법하고, 당연무효로 봄이 상당하다고 판단)

[설명]

매수인이 부동산에 관한 매매계약을 체결하고 소유권이전등기에 앞서 매매대금을 모두 지급한 경우 사실상의 잔금지급일에 지방세법 제7조 제2항(2010. 3. 31. 법률 제10221호로 전부 개정되기 전 구 지방세법 제105조 제2항)에서 규정한 '사실상 취득'에 따른 취득세 납세의무가 성립한다(대법원 2018. 3. 22. 선고 2014두43110 전원합의체 판결). 그 후 그 사실상의 취득자가 그 부동산에 관하여 매매를 원인으로 한 소유권이전등기를 마치더라도 이는 잔금지급일에 '사실상 취득'을 한 부동산에 관하여 소유권 취득의 형식적 요건을 추가로 갖춘 것에 불과하므로, 잔금지급일에 성립한 취득세 납세의무와 별도로 그 등기일에 지방세법 제7조 제1항에서 규정한 '취득'을 원인으로 한 새로운 취득세 납세의무가 성립하는 것은 아니다(대법원 2013. 3. 14. 선고 2010두28151 판결). 따라서 매매대금을 모두 지급하여 부동산을 사실상 취득한 자가 3자간 등기명의신탁 약정에 따라 명의수탁자 명의로 소유권이전등기를 마친 경우에는 명의신탁자가 매매대금을 모두 납부하여 소유권이전등기청구권을 가졌을 때 명의신탁자에게 취득세 납부의무가 발생하고, 명의수탁자에게 그 납부의무가 다시 발생하지는 않는다.

이에 반하여 계약명의신탁에서 매도인이 선의인 경우에는 매매계약 당사자가 아닌 명의신탁자는 소유권이전등기청구권도 없고, 매매계약에 따른 소유권이전등기 경료 시 소유권도 명의수탁자에게 확정적으로 귀속되므로, 명의신탁자가 부동산을 사실상 취득하였다고 보기는 어렵다. 따라서 이 경우 명의신탁자는 취득세 납부의무를 지지 않게 되는데, 경매절차에서 타인 명의로 매각허가결정을 받은 경우는 위와 같은 계약명의신탁관계로 볼 수 있으므로, 이 경우 취득세 납부의무는 명의수탁자에게 있다고 판단된다.

[관련 법령] 지방세법

제7조(납세의무자 등) ① 취득세는 부동산, 차량, 기계장비, 항공기, 선박, 입목, 광업권, 어업권, 양식업권, 골프회원권, 승마회원권, 콘도미니엄회원권, 종합체육시설 이용회원권 또는 요트회원권(이하 이 장에서 "부동산등"이라 한다.)을 취득한 자에게 부과한다.

② 부동산등의 취득은 「민법」, 「자동차관리법」, 「건설기계관리법」, 「항공안전법」, 「선박법」, 「입목에 관한 법률」, 「광업법」, 「수산업법」 또는 「양식산업발전법」 등 관계 법령에 따른 등기·등록 등을 하지 아니한 경우라도 사실상 취득하면 각각 취득한 것으로 보고 해당 취득물건의 소유자 또는 양수인을 각각 취득자로 한다. 다만, 차량, 기계장비, 항공기 및 주문을 받아 건조하는 선박은 승계취득인 경우에만 해당한다.

50

부동산 취득 시 명의수탁자가 취득세 등을 납부하였음에도, 다시 명의신탁자에게 취득세 등을 부과한 것이 이중과세로 위법한지 여부

(청주지방법원 2013. 5. 2. 선고 2012구합2509 판결)

[사건 개요]

원고는 2007. 6. 21.부터 2010. 7. 22.까지의 기간에 이 사건 각 토지를 매수한 후 원고 대표이사의 처 A 명의로 소유권이전등기를 마쳤고, 매매대금도 원고의 자금으로 모두 지급함.

피고(진천군수)는 원고가 명의신탁의 방법으로 이 사건 토지를 취득하였음에도 취득세 등의 신고·납부의무를 해태하였다는 이유로 2011. 12. 5. 원고에게 취득세 77,652,950원(신고 및 납부불성실가산세 포함), 농어촌특별세 7,765,290원(신고 및 납부불성실가산세 포함)을 부과·고지함(이하 '이 사건 처분').

원고는 농지법에 따른 제한 때문에 A 명의로 이 사건 각 토지에 대한 소유권이전등기를 마쳤을 뿐 세금을 포탈할 악의는 없었고, A 명의로 소유권이전등기를 마칠 당시 원고가 취득세 등 세금을 신고·납부하였음에도, 재차 원고에게 취득세 등을 부과한 이 사건 처분은 동일한 과세물건에 대하여 동일한 원인으로 부과한 이중과세로서 위법하다고 주장.

[법원의 판단]

취득세는 본래 재화의 이전이라는 사실 자체를 포착하여 거기에 담세력을 인정하고 부과하는 유통세의 일종으로 취득자가 재화를 사용·수익·처분함으로써 얻을 수 있는 이익을 포착하여 부과하는 것이 아니어서 취득자가 실질로 완전한 내용의 소유권을 취득하는가의 여부에 관계없이 사실상 취득행위 자체를 과세객체로 하는 것이고, 구 지방세법(2010. 3. 31. 법률 제10221호로 전부 개정되기 전의 것) 제105조 제2항은 취득세의 과세객체가 되는 부동산 취득에 관하여 민법 기타 관계 법령에 의한 등기·등록 등을 이행하지 아니한 경우라도 사실상 취득한 때에는 이를 취득한 것으로 본다고 규정하고 있는데, 여기에서 사실상의 취득이라 함은 일반적으로 등기와 같은 소유권 취득의 형식적 요건을 갖추지는 못하였으나 대금의 지급과 같은 소유권 취득의 실질적 요건을 갖춘 경우를 말한다고 할 것이고, 그 사실상의 취득자가 3자간 등기명의신탁 약정에 의하여 수탁자 명의로 소유권이전등기를 경료하고 자신의 명의로는 소유권이전등기를 경료하지 않았다고 하여 달리 볼 것은 아니다(대법원 2007. 5. 11. 선고 2005두13360 판결 등 참조).

취득세와 농어촌특별세는 신고납세 방식의 조세로서 이러한 유형의 조세에 있어서는 원칙적으로 납세의무자가 스스로 과세표준과 세액을 정하여 신고하는 행위에 의하여 구체적으로 조세채무가 확정되고, 그 납부행위는 신고에 의하여 확정된 구체적 조세채무의 이행으로 하는 것이므로, 원고가 A 명의로 취득세와 농어촌특별세를 신고하고 이를 사실상 납부하였다고 하더라도 이는 A의 취득세 등 납세의무를 이행한 것에 불과하므로, 이로써 원고의 이 사건 각 토지에 대한 취득세 등 납세의무가 소멸하였다고 할 수 없다(대법원 2002. 2. 8. 선고 2001두2638 판결 등 참조).

또한 구 지방세법 제105조 제1항에서 규정하는 '부동산의 취득'이란 소유권 이전의 형식에 의한 부동산 취득의 모든 경우를 포함하는 것으로서, 명의신탁이나 명의신탁해지로 인한 소유권이전등기를 마친 경우도 여기에 해당되는 바(대법원 2002. 7. 12. 선고 2000두9311 판결), A의 취득세 등 납세의무와 명의신탁자인 원고의 취득세 등 납세의무는 구 지방세법 제105조 제1항과 같은 조 제2항에 따라 그 납세의무의 성립요건과 납세의무자를 달리하는 것이고, 명의수탁자에 대한 취득세 부과와 명의신탁자에 대한 취득세 부과를 이중과세로 보아 이를 배제하는 명시적 규정도 발견할 수 없는 이상, A에 대한 취득세 등이 납부되었다고 하더라도 이 사건 처분이 이중과세라고 해석할 것도 아니다(원고 청구 기각, 항소하였으나 소를 취하하여 확정됨.).

[설명]

대상판결 사안의 경우 3자간 등기명의신탁으로 보고, 명의수탁자 명의로 취득세 등을 납부한 후 명의신탁자에게 다시 취득세 등을 부과한 것이 이중과세는 아니라고 판단하였다. 이는 명의신탁의 경우 취득세 납부의무자가 누구인지와도 관련이 있으므로, 3자간 등기명의신탁의 경우와 계약명의신탁의 경우를 나누어 살펴보기로 한다.

먼저, 명의신탁 49번 사례에서 살펴본 바와 같이, 3자간 등기명의신탁의 경우에 있어서는 명의수탁자 앞으로의 소유권이전등기는 무효가 되고, 매도인에 대한 관계에서 부동산의 취득행위를 한 사람은 매수인이자 명의신탁자라고 할 것이므로, 명의신탁자가 자신의 앞으로 소유권이전등기를 마치지 않았더라도 매매대금을 전부 지급하여 소유권이전등기청구권을 가지게 되었으므로, 그 부동산을 사실상 취득하였다고 볼 수 있어 취득세 납세의무가 있게 된다(대법원 2007. 5. 11. 선고 2005두13360 판결 등 참조). 나아가 3자간 등기명의신탁에서 명의신탁자가 명의수탁자 명의의 소유권이전등기를 말소한 다음 그 부동산에 관하여 매도인으로부터 자신의 명의로 소유권이전등기를 마치더라도, 이는 당초의 매매를 원인으로 한 것으로서 잔금지급일에 '사실상 취득'을 한 부동산에 관하여 소유권 취득의 형식적 요건을 추가로 갖춘 것에 불과하다. 그리고 명의신탁자가 당초의 매매를 원인으로 매도인으로부터 소유권등기를 이전받는 것이 아니라 명의수탁자로부터 바로 소유권등기를 이전받는 형식을 취하였다고 하여 위와 달리 평가할 수도 없다. 따라서 어느 경우이든 잔금지급일에 성립한 취득세 납세의무와 별도로 그 등기일에 새로운 취득세 납세의무가 성립한다고 볼 수는 없다(대법원 2018. 3. 22. 선고 2014두43110 전원합의체 판결).

대상판결 사안의 경우는 명의신탁자에게 취득세 납부의무가 발생하였음에도, 등기명의자인 명의수탁자 명의로 취득세 등을 신고·납부한 경우 명의신탁자의 취득세 납부의무가 이행된 것으로 보아 다시 취득세 등을 부과하는 것이 이중과세로 볼 수 있는지가 문제된다. 대상판결에서 원용하고 있는 대법원 2002. 2. 8. 선고 2001두2638 판결은 "취득세는 신고납세 방식의 조세로서 이러한 유형의 조세에 있어서는 원칙적으로 납세의무자가 스스로 과세표준과 세액을 정하여 신고하는 행위에 의하여 구체적으로 조세채무가 확정되고, 그 납부행위는 신고에 의하여 확정된 구체적 조세채무의 이행으로 하는 것이므로, 신축건물의 원시취득자가 건축허가 명의자인 제3자 명의로 취득세 등을 신고한 이상 제3자의 취득세 등의 납세의무가 확정되었고, 원시취득자가 이를 사실상 납부하였다고 하더라도 이는 제3자의 취득세 등의 납세의무를 이행한 것에 불과하며, 그 후 자신 앞으로 소유권보존등기를 경료한 경우 그 자신이 건물을 원시취득한 데 따른 취득세 등의 납세의무는 소멸하지 않는다."고 판단한 바 있다. 이에 따르면, 대상판결 사안의 경우 명의수탁자 명의로 취득세 등을 신고함으로써 구체적으로 조세채무가 확정되었고, 그 납부행위는 명의수탁자의 취득세 등 납세의무를 이행한 것에 불과하므로, 명의신탁자의 납세의무가 소멸하는 것은 아니라고 보게 된다.

다음으로 계약명의신탁의 경우로서 매도인이 선의인 경우에는 명의수탁자는 매도인이나 명의신탁자와의 관계에 있어서 당해 부동산의 소유권을 완전하게 취득하므로 지방세법 제7조 제1항(구 지방세법 제105조 제1항)에 따라 명의수탁자가 취득세 납세의무를 부담하고, 명의신탁자는 매도인과 사이에서 매매계약 당사자가 아니어서 소유권이전등기청구권도 가질 수 없으므로, 지방세법 제7조 제2항(구 지방세법 제105조 제2항)에 기한 취득세 납세의무가 없다고 봄이 타당하다(서울동부지방법원 2011. 8. 26. 선고 2011가합6203 판결). 따라서 대상판결 사안의 경우도 계약명 의신탁으로 매도인이 선의라고 보게 될 경우에는 명의신탁자인 원고에게 는 취득세 등 납세의무가 없다고 할 것이므로, 취득세 등 부과처분이 위법 하게 된다(다만, 이는 이중과세 문제는 아니다.).

51

1인 회사인 명의신탁자가 1인 주주에게 명의신탁하여 부동산을 취득한 경우 명의신탁자에게 한 취득세 부과가 적법하다고 본 사례

(대구지방법원 2012. 3. 28. 선고 2011구합3977 판결)

[사건 개요]

원고는 이 사건 농지를 골프장 예정부지로 보유하기 위해 매수인을 원고로 하는 매매계약서를 작성하여 이를 매수한 후 그 등기부상 소유자 명의는 대표이사인 소외1로 하여 소유권이전등기를 마치고, 소외1은 이 사건 농지 취득에 따른 취득세 및 농어촌특별세 합계 20,499,070원을 납부함.

피고는 2011. 3. 10. 원고가 이 사건 농지를 소외 1에게 명의신탁한 것이고, 실질적으로 이 사건 토지를 취득한 것은 원고라는 이유로 원고에게 취득세 28,178,600원(가산세 포함.) 및 농어촌특별세(가산세 포함.)를 부과하였음(이하 '이 사건 처분').

원고는 사실상 1인 회사에 불과하여 원고의 의사는 대표이사인 소외1이 결정하므로, 원고와 소외1간의 명의신탁약정이 있었다고 보기 어렵다는 점, 원고는 법인으로 농지매매증명을 받을 수 없어 소유권도 취득할 수 없으므로, 위 매매는 원시적으로 무효이고, 따라서 위 매매가 유효함을 전제로 원고를 명의신탁자로 본 이 사건 처분은 위법한 점, 이중과세에 해당하는 점 등을 주장.

[법원의 판단]

주식회사의 주식이 사실상 1인 주주에 귀속하는 1인 회사에 있어서도 회사와 주주는 분명히 별개의 인격이어서 1인 회사의 재산이 곧바로 그 1인 주주의 소유라고 볼 수 없는 점을 보태어 보면, 가사 사실상 소외1이 원고의 유일한 주주라고 하더라도 원고는 이 사건 농지를 소외 1에게 명의신탁한 것으로 봄이 상당하다.

구 농지법 제8조의 농지취득자격증명은 농지를 취득하는 자가 그 소유권에 관한 등기를 신청할 때에 첨부하여야 할 서류로서 농지를 취득하는 자에게 농지취득의 자격이 있다는 것을 증명하는 것일 뿐 농지취득의 원인이 되는 매매 등 법률행위의 효력을 발생시키는 요건은 아니므로(대법원 2008. 2. 29. 선고 2007도11029 판결, 대법원 1998. 2. 27. 선고 97다49251 판결 등 참조), 이 사건 농지에 관한 원고 명의의 매매계약이 무효라고 볼 수 없다.

원고는 2008. 2.~2008. 6.경 이 사건 농지의 매매대금을 지급하고 2008. 12. 31. 기준 유형고정자산 명세서에 이 사건 농지를 원고의 자산으로 기재한 사실이 인정되므로, 원고는 매매대금을 전부 지급한 날 이 사건 농지를 사실상 취득하였다고 할 것이다. 따라서 소외1의 행위와 원고의 행위는 별개이므로 피고로서는 각 행위자에게 취득세를 부과할 수 있고, 소외1이 취득세 및 농어촌특별세를 납부하였다 하더라도 명의신탁자인 원고도 취득세 및 농어촌특별세의 납부의무를 부담한다(이중과세가 아니라고 판단하여 원고 청구 기각함.).

[설명]

주식회사의 주식이 사실상 1인의 주주에 귀속하는 1인 회사의 경우에도 회사와 주주는 별개의 인격체로서, 1인 회사의 재산이 곧바로 1인 주주의 소유라고 할 수 없다. 따라서 1인 주주라고 하더라도 회사의 자금을 임의로 처분한 행위는 횡령죄를 구성하고(대법원 2010. 4. 29. 선고 2007도6553 판결 등), 법인 대표자의 범죄행위에 대한 양벌규정에 따른 책임에 관하여도 1인 회사라고 하여 달리 볼 수 없다(대법원 2018. 4. 12. 선고 2013도6962 판결). 그러므로 명의신탁자가 1인 주주인 1인 회사이고, 그 1인 주주를 명의수탁자로 하는 경우라고 하더라도, 양자는 별개이므로 명의신탁약정이 부정되는 것은 아니다.

그리고 명의신탁 49번 및 50번 사례에서 살펴본 바와 같이, 3자간 등기 명의신탁의 경우에 있어서는 명의수탁자 앞으로의 소유권이전등기는 무효가 되고, 매도인에 대한 관계에서 부동산의 취득행위를 한 사람은 매수인이자 명의신탁자라고 할 것이므로, 명의신탁자가 자신의 앞으로 소유권이전등기를 마치지 않았더라도 매매대금을 전부 지급하여 소유권이전등기청구권을 가지게 된 이상 그 부동산을 사실상 취득하였다고 볼 수 있어 취득세 납세의무가 있게 된다(대법원 2007. 5. 11. 선고 2005두13360 판결 등 참조). 따라서 대상판결 사안에서 매매계약 당사자인 원고는 매매대금을 모두 지급한 시점에 이 사건 농지를 사실상 취득한 것으로 볼 수 있어, 취득세 납부의무를 지게 된다.

이에 반하여 대상판결 사안에서 명의수탁자인 소외1의 소유권이전등기는 무효가 되고, 부동산실명제법 제4조에 따라 소유권을 취득할 수 없으므로, 소외1은 자신이 납부한 취득세 등에 대하여 부당이득반환청구가 가능한지 여부가 문제될 수 있다(이에 대하여는 명의신탁 사례 49번 참조).

52

명의수탁자에게 양도소득세를 부과한 처분이 무효인지 여부

(인천지방법원 2021. 4. 30. 선고 2020구단51584 판결)

[사건 개요]

이 사건 토지에 관하여, 2003. 7. 22. C 명의에서 원고 명의로 2003. 7. 2. 매매를 원인으로 하여 소유권이전등기가 되었고, 다시 2008. 7. 31. 원고 명의에서 D 명의로 2008. 6. 28. 매매를 원인으로 거래가액 659,000,000원의 소유권이전등기가 마쳐짐.

원고는 2009. 5. 31. 서인천세무서장(이후 피고인 김포세무서장이 권한을 승계)에게 2008년 귀속 양도소득세 136,410,743원을 신고하였으나 이를 납부하지 아니하였고, 이에 서인천세무서장은 2009. 8. 10. 원고에 대하여 2008년 귀속 양도소득세 136,410,743원과 납부불성실 가산세 2,864,625원 합계 139,275,368원을 결정, 고지함(이하 '이 사건 처분').

원고는 이 사건 토지의 실질 소유자는 명의신탁자인 E, F, G이고, 원고는 위 토지 거래에 있어서 명의만 대여한 명의수탁자이므로, 실질과세원칙상 E, F, G에게 양도소득세와 그 가산금을 부과하여야 함을 이유로 이 사건 처분의 무효확인을 구함.

[법원의 판단]

일반적으로 과세대상이 되는 법률관계나 소득 또는 행위 등의 사실관계가 전혀 없는 사람에게 한 과세처분은 그 하자가 중대하고도 명백하다고 할 것이지만 과세대상이 되지 아니하는 어떤 법률관계나 사실관계에 대하여 이를 과세대상이 되는 것으로 오인할 만한 객관적인 사정이 있는 경우에 그것이 과세대상이 되는지의 여부가 그 사실관계를 정확히 조사하여야 비로소 밝혀질 수 있는 경우라면 그 하자가 중대한 경우라도 외관상 명백하다고 할 수 없어 그와 같이 과세 요건사실을 오인한 위법의 과세처분을 당연무효라고 볼 수 없다(대법원 2002. 9. 4. 선고 2001두7268 판결). 원고의 주장과 같이 이 사건 토지의 거래에 있어서 명의를 대여함으로써 이 사건 토지가 원고의 소유로서 취득되었다가 양도되는 외관을 만든 이상, 피고로서는 이 사건 토지의 양도에 관하여 원고에게 양도소득세를 과세할 만한 충분한 객관적인 사정이 있었다고 보이고, 설령 피고가 그 과세요건사실을 오인한 위법이 있다 하여도 이는 그 사실관계를 정확히 조사하여야 비로소 밝혀질 수 있는 경우로서 그 하자가 외관상 명백하다고 할 수 없다. (이 사건 처분이 당연무효라고 볼 수 없으므로, 원고 청구 기각)

[설명]

명의신탁 부동산을 양도하여 발생하는 양도소득에 대한 납세의무자가 누구인지는 일률적으로 정할 수 없고, 국세기본법상 실질과세의 원칙을 고려하여야 한다. 이에 법원은 부동산을 제3자에게 명의신탁한 경우 명의신탁자가 부동산을 양도하여 그 양도로 인한 소득이 명의신탁자에게 귀속되었다면, 실질과세의 원칙상 당해 양도소득세의 납세의무자는 양도의 주체인 명의신탁자이지 명의수탁자가 그 납세의무자가 되는 것은 아니라고 판단하고 있다(대법원 1997. 10. 10. 선고 96누6387 판결).

이에 반하여, 명의수탁자가 명의신탁자의 위임이나 승낙 없이 임의로 명의신탁재산을 양도하였다면 그 양도주체는 명의수탁자이지 명의신탁자가 아니고 양도소득이 명의신탁자에게 환원되지 않는 한 명의신탁자가 양도소득을 사실상 지배, 관리, 처분할 수 있는 지위에 있지 아니하므로 '사실상 소득을 얻은 자'로서 양도소득세의 납세의무자가 된다고 할 수 없다(대법원 2014. 9. 4. 선고 2012두10710 판결 등 참조)고 판단하고 있다.

그리고 명의수탁자가 명의신탁자의 위임이나 승낙 없이 임의로 처분한 명의신탁재산으로부터 얻은 양도소득을 명의신탁자에게 환원하였다고 하기 위하여는, 명의수탁자가 양도대가를 수령하는 즉시 그 전액을 자발적으로 명의신탁자에게 이전하는 등 사실상 위임사무를 처리한 것과 같이 명의신탁자가 양도소득을 실질적으로 지배, 관리, 처분할 수 있는 지위에 있어 명의신탁자를 양도의 주체로 볼 수 있는 경우여야 한다. 따라서 특별한 사정이 없는 한 단지 명의신탁자가 명의수탁자에 대한 소송을 통해 상당한 시간이 경과한 후에 양도대가 상당액을 회수하였다고 하여 양도소득의 환원이 있다고 할 수는 없다(대법원 2014. 9. 4. 선고 2012두10710 판결).

대상판결 사안의 경우에도, 만약 명의신탁자가 이 사건 토지를 매도하여 매매대금을 즉시 수령하였다면, 양도소득세 납세의무자는 명의수탁자가 아닌 명의신탁자가 되므로, 명의수탁자에 대한 양도소득세 부과처분은 위법하게 되어 취소될 여지가 있게 된다. 그러나 위 사건의 경우에는 양도소득세부과처분의 취소가 아닌 무효확인을 구하고 있고, 처분이 당연무효가 되기 위해서는 그 하자가 중대하고도 명백한 경우여야 한다. 이에 반해 명의신탁약정의 존재 여부는 과세관청으로서는 쉽게 알 수 없기 때문에, 그 하자가 명백한 경우로 보기 어려우므로 무효사유가 되지는 않는다고 판단한 것이다.

* 국세기본법

제14조(실질과세) ① 과세의 대상이 되는 소득, 수익, 재산, 행위 또는 거래의 귀속이 명의(명의)일 뿐이고 사실상 귀속되는 자가 따로 있을 때에는 사실상 귀속되는 자를 납세의무자로 하여 세법을 적용한다.

② 세법 중 과세표준의 계산에 관한 규정은 소득, 수익, 재산, 행위 또는 거래의 명칭이나 형식과 관계없이 그 실질 내용에 따라 적용한다.

③ 제3자를 통한 간접적인 방법이나 둘 이상의 행위 또는 거래를 거치는 방법으로 이 법 또는 세법의 혜택을 부당하게 받기 위한 것으로 인정되는 경우에는 그 경제적 실질 내용에 따라 당사자가 직접 거래를 한 것으로 보거나 연속된 하나의 행위 또는 거래를 한 것으로 보아 이 법 또는 세법을 적용한다.

53

3자간 등기 명의신탁에 따른 소유권이전등기가 무효인 경우에도 매도인에게 양도소득세 부과처분이 가능한지

(대구지방법원 2014. 9. 19. 선고 2014구합20232 판결)

[사건 개요]

원고는 2005. 12. 29. A와 사이에 자신의 소유인 이 사건 각 부동산을 6억 5천만 원에 매도하기로 하는 매매계약(이하 '이 사건 매매계약')을 체결하였는데, 매매계약서상 매수인 명의는 A의 동생인 B로 기재함.

원고와 A는 이 사건 각 부동산의 매매대금을 105,000,0000원, 215,000,000원으로 각 기재한 매매계약서를 별도로 작성하고, 대구광역시 수성구청장의 검인을 받은 후 2005. 12. 29. 및 같은 달 30. 이 사건 각 부동산에 관하여 B 명의로 각 소유권이전등기를 마침.

원고는 2006. 2. 6. 피고에게 이 사건 각 부동산의 양도가액을 320,000,000원(=105,000,0000원+215,000,000원)으로 하여 실지거래가격에 의한 양도소득세 예정신고를 함.

이 사건 각 부동산은 2011. 2. 16. 매매를 원인으로 하여 C 명의로 소유권이전이 되었다가, 다시 2012. 8. 22. 매매를 원인으로 하여 D, E 명의로 순차로 소유권이전등기가 마쳐짐.

피고는 2012. 9. 12.~2012. 10. 20. 원고와 B에 대한 양도소득세 조사를 실시한 결과 이 사건 각 부동산의 실지거래가액이 650,000,000원이고, B의 누나인 A가 실제의 양수인이나 B명의로 매매계약서를 작성하고 소유권이전등기를 마쳤음을 확인한 후, 2012. 11. 5. 원고에게 세무조사 결과를 통지하고, 2012. 12. 10. 원고가 양도소득세 신고 시 사기 기타 부정한 행위를 하였음을 이유로 국세 부과제척기간 10년을 적용하여 원고에게 이 사건 각 부동산의 실지거래가액(양도가액 650,000,000원)으로 양도차익을 산정하여 2005년 귀속 양도소득세 189,809,060원(가산세 포함.)을 경정·고지(이하 '이 사건 처분')함.

원고는 부동산 실권리자명의 등기에 관한 법률(이하 '부동산실명법') 제4조 제2항에 의하면 명의신탁약정에 따른 등기로 이루어진 부동산에 관한 물권변동은 무효인 바, 원고는 명의신탁자인 A의 요청에 의하여 이 사건 각 부동산에 관하여 명의수탁자인 B 앞으로 소유권이전등기를 마쳐 주었으므로, 이 사건 각 부동산의 양도 자체가 인정되지 않아 무효이고, 따라서 이 사건 처분도 당연무효라고 주장.

[법원의 판단]

구 소득세법(2006. 12. 30. 법률 제8144호로 개정되기 전의 것) 제88조 제1항 본문은 "제4조 제1항 제3호 및 이 장에서 '양도'라 함은 자산에 대한 등기 또는 등록에 관계없이 매도, 교환, 법인에 대한 현물출자 등으로 인하여 그 자산이 유상으로 사실상 이전되는 것을 말한다."라고 규정하고 있을 뿐 자산이 유상으로 이전된 원인인 매매·교환·현물출자 등 계약이 법률 상 유효할 것까지 요구하고 있지 않다. 그리고 매매 등 계약이 위법 내지 탈법적인 것이어서 무효임에도 당사자 사이에서는 매매 등 계약이 유효한 것으로 취급되어 매도인 등이 매매 등 계약의 이행으로 매매대금 등을 수수하여 그대로 보유하고 있는 경우에는 종국적으로 경제적 이익이 매도인 등에게 귀속되고, 그럼에도 매매 등 계약이 법률상 무효라는 이유로 매도인 등이 그로 말미암아 얻은 양도차익에 대하여 양도소득세를 과세할 수 없다고 보는 것은 매도인 등으로 하여금 과세 없는 양도차익을 향유하게 하는 결과로 되어 조세정의와 형평에 심히 어긋난다(대법원 2011. 7. 21. 선고 2010두23644 전원합의체 판결 참조).

부동산실명법에 의하면 이른바 3자간 등기명의신탁의 경우 명의신탁약 정과 그에 의한 등기가 무효로 되고 그 결과 명의신탁된 부동산은 매도인 소유로 복귀하므로, 매도인은 명의수탁자에게 무효인 그 명의 등기의 말소를 구할 수 있게 되지만, 같은 법은 매도인과 명의신탁자 사이의 매매계약의 효력을 부정하는 규정을 두고 있지 아니하여 유예기간 경과 후로도 매도인과 명의신탁자 사이의 매매계약은 여전히 유효하므로, 명의신탁자는 매도인에 대하여 매매계약에 기한 소유권이전등기를 청구할 수 있다.

　　그런데 명의수탁자가 신탁부동산을 임의로 매각처분한 경우, 특별한 사정이 없는 한 그 매수인은 유효하게 소유권을 취득하게 되는 바, 매도인으로서는 명의수탁자가 신탁부동산을 타에 처분하였다고 하더라도, 명의수탁자로부터 그 소유명의를 회복하기 전까지는 명의신탁자에 대하여 신의칙 내지 민법 제536조 제1항 본문의 규정에 의하여 이와 동시이행의 관계에 있는 매매대금 반환채무의 이행을 거절할 수 있다(대법원 2002. 3. 15. 선고 2001다61654 판결 등 참조). … 중략 … ② 원고는 이 사건 매매계약에 따라 A로부터 매매대금을 모두 지급받았고, 피고에게 이 사건 각 부동산에 관한 양도소득세를 신고·납부까지 한 점, ③ 그 후 명의수탁자인 B는 2010. 8. 5. 이 사건 각 부동산을 C에게 매도하고 2011. 2. 16. 소유권이전등기를 마쳐 주었고, C는 2012. 7. 6. 이 사건 각 부동산을 D, E에게 매도하고 2012. 8. 22. 소유권이전등기를 마쳐 준 점 등에 비추어 보면, A와 B 사이의 명의신탁약정과 그에 의한 등기는 무효라고 할 것이나, 원고와 명의신탁자인 A 사이의 이 사건 매매계약은 여전히 유효하고, 명의수탁자인 B가 이 사건 각 부동산을 처분함으로써 제3자가 유효하게 소유권을 취득하였으며, 원고가 이 사건 매매계약에 따른 대금을 반환하지 아니한 채 그대로 보유하고 있으므로, 원고가 이 사건 각 부동산을 매도한 것은 이 사건 각 부동산을 사실상 이전함으로써 양도한 것으로 예외적으로 자산의 양도로 인한 소득이 있다고 보아 양도소득세의 과세대상이 되는 경우에 해당한다고 봄이 타당하다.

[설명]

원칙적으로 부동산의 양도가 무효인 경우에는 특별한 사정이 없는 한 양수인 명의로 소유권이전등기가 마쳐졌더라도 양도소득세의 과세대상인 자산의 양도에 해당한다거나 자산의 양도로 인한 소득이 있다고 할 수 없다(대법원 1997. 1. 21. 선고 96누8901 판결 등 참조).

다만, 명의신탁의 경우와 같이 위법 내지 탈법적인 것이어서 무효임에도 당사자 사이에서는 매매 등 계약이 유효한 것으로 취급되어 매도인 등이 매매 등 계약의 이행으로 매매대금 등을 수수하여 그대로 보유하고 있는 경우에는 이와 달리 볼 필요가 있다. 소득세법 제88조는 '양도'에 대하여 등기 또는 등록과 관계없이, 그 자산을 유상으로 사실상 이전하는 것으로 정의하고 있어, 등기 자체를 과세요건으로 정하고 있지 않고, 특히 3자간 등기명의신탁의 경우 매도인과 실제 매수인인 명의수탁자 사이의 매매계약은 유효하기 때문에, 매매계약에 따라 지급받은 매매대금이 부당이득이 되지 않고, 나아가 명의수탁자가 명의신탁 부동산을 매도한 경우에는 사실상 매매대금을 반환하는 상황이 발생할 가능성도 없기 때문이다. 따라서 이 경우 매도인은 소유권이전등기가 무효임에도, 사실상 매매계약에 따라 지급받은 매매대금을 그대로 보유하게 되므로, 양도차액 상당의 소득을 얻은 것으로 볼 수 있어 양도소득세 과세대상이 된다.

54

명의신탁한 주택도 양도소득세 1세대 1주택 비과세 요건 판단 시 보유 주택에 포함시켜야 하는지

(수원지방법원 2021. 10. 28. 선고 2020구합70602 판결)

[사건 개요]

원고는 2015. 2. 5. C에게 서울 서초구 B아파트(이하 '서초아파트')를 924,000,000원(계약금은 계약 당일, 중도금은 2015. 3. 5., 잔금은 2015. 4. 30.에 각 지급)에 매도하는 매매계약을 체결하였고, 2015. 4. 6.에는 외삼촌인 F에게 용인시 수지구 G아파트(이하 '수지아파트')를 420,000,000원에 매도하는 매매계약을 체결함.

원고는 수지아파트 매매계약 당일 F로부터 수지아파트를 임대차보증금 320,000,000원, 임대차기간 2015. 4. 6.부터 2017. 4. 5.까지로 정하여 임차하는 임대차계약을 체결하고, 2015. 4. 8. 수지아파트에 관하여 2015. 4. 6.자 매매계약을 원인으로 한 소유권이전등기를 마쳐 줌.

이후 원고는 2015. 4. 29. C에게 서초아파트에 관하여 소유권이전등기를 마쳐 주었고, 수지아파트 양도와 관련하여 2015. 6. 8. 양도차익을 ─67,825,000원(=양도가액 420,000,000원─취득가액 487,825,000원)이라고 신고하고, 서초아파트 양도와 관련하여서는 1세대 1주택에 따른 비과세를 적용받아 양도소득세를 신고·납부하지 않음.

원고는 2018. 7. 18. F로부터 수지아파트를 다시 430,000,000원에 매수하는 매매계약을 체결하고, 2018. 8. 2. 위 매매계약을 원인으로 한 소유권이전등기를 마침.

피고 용인세무서장은 원고가 수지아파트를 매도한 것이 아니라 F에게 명의신탁을 하였으므로, 1가구 1주택에 따른 비과세를 적용할 수 없다는 이유로 원고에게 2015년 귀속 양도소득세 303,262,080원을 경정·고지하고, 피고 수지구청장 역시 명의신탁을 이유로 부동산 실권리자명의 등기에 관한 법률(이하 '부동산실명법') 제5조 제1항에 따라 과징금 62,800,000원을 부과함.

원고는 F에게 수지아파트를 명의신탁하지 않았다고 다투며, 양도소득세 및 과징금 부과처분의 취소를 구함.

[법원의 판단]

구 소득세법(2016. 12. 20. 법률 제14389호로 개정되기 전의 것) 제89조 제1항 제3호 가목은 '1세대 1주택에 대해서는 양도소득세를 과세하지 않는다. (이하 '이 사건 조항')'고 규정하고 있다. 또한 부동산실명법 제4조는 '명의신탁약정은 무효이고(제1항), 명의신탁약정에 따른 등기로 이루어진 부동산에 관한 물권변동도 무효이다(제2항).'라고 규정하고 있다. 여기에 2자간 등기명의신탁관계에서는 명의신탁자가 대상 주택을 지배·관리하며 사실상 이를 처분할 수 있고, 그 처분에 따른 소득도 명의신탁자에게 돌아가며, 이 사건 조항의 입법취지는 투기를 목적으로 주택을 소유하는 것을 막으려는 데 있다는 점을 더해 보면, 명의신탁자가 대상 주택을 소유함을 전제로 이 사건 조항을 적용하여 양도소득세를 과세하지 않을지 여부를 판단해야 한다고 보는 것이 옳다.

서초아파트 매매계약 체결 당시 원고는 값이 더 비싼 서초아파트와 값이 더 싼 수지아파트를 각각 보유하고 있었으므로, 서초아파트 양도에 따른 거액의 양도소득세를 부담해야 할 처지에 놓여 있었다. 따라서 그 당시 원고에게는 위 각 아파트 중 더 싼 수지아파트의 소유권을 형식적으로만 F 앞으로 돌려놓고, 수지아파트 양도에 따른 양도소득세만 부담함으로써, 서초아파트 양도에 따른 양도소득세 부담을 회피할 수 있다는 유인이 있었다. 여기에 앞서 본 사정들을 더해 보면, 원고는 위와 같은 유인을 실현시키기 위해 2015. 4. 6.자 수지아파트 매매계약과 2018. 7. 18.자 수지아파트 매매계약을 통해 일정 기간 동안 수지아파트의 소유권을 형식적으로만 F 앞으로 돌려놓은 것으로 보인다.

[설명]

소득세법 제89조 제1항 제3호 가목은 '1세대가 1주택을 보유하는 경우로서 대통령령으로 정하는 요건을 충족하는 주택'과 이에 딸린 토지로서 건물이 정착된 면적에 지역별로 대통령령으로 정하는 배율을 곱하여 산정한 면적 이내의 토지의 양도로 발생하는 소득에 대하여는 양도소득세를 과세하지 않도록 하고 있다. 이때, 1세대가 보유하고 있는 주택의 수를 산정할 때, 명의신탁한 주택에 대하여도 명의신탁자가 보유하고 있는 주택에 포함시켜야 하는지가 문제된다.

이와 관련하여, 대상판결 사안의 경우 원고와 F 사이의 2자간 등기명의 신탁관계에서는 명의신탁약정과 F 명의 등기도 무효이기 때문에(부동산실명법 제4조), 서초아파트 매매 당시 수지아파트의 소유권은 여전히 원고에게 있었다. 따라서 원고의 경우 1세대 2주택자로서, 비과세 요건에 해당하지 않게 된다.

그렇다면, 3자간 명의신탁의 경우는 어떤가? 3자간 등기명의신탁의 경우 명의신탁약정과 그에 따른 수탁자 명의의 등기는 무효이나 매도인과 명의신탁자 사이의 매매계약은 여전히 유효하고, 따라서 명의신탁자는 매도인에게 매매계약에 기한 소유권이전등기를 청구할 수 있으며, 소유권이전등기청구권을 보전하기 위하여 매도인을 대위하여 무효인 명의수탁자 명의 등기의 말소를 구할 수도 있다. 이러한 이유로 대법원 2016. 10. 27. 선고 2016두43091 판결은 중과세 요건인 '1세대 3주택 이상에 해당하는 주택'인지 여부가 문제된 사안에서, 명의신탁자가 대상 주택을 지배·관리하면서 사실상 이를 처분할 수 있는 지위에 있고, 처분에 따른 소득의 귀속 주체가 된다는 점에서, 투기 목적의 주택 소유를 억제하려는 위 조항의 입법 취지 등을 고려할 때 위 조항의 적용에서는 명의신탁자가 대상 주택을 소유하는 것으로 봄이 옳다고 판단한 바 있다. 1세대 1주택 보유의 경우를 비과세 대상으로 정하고 있는 취지 역시 투기 목적의 주택 소유를 막는데 있음을 고려하면, 위와 같은 해석은 위 비과세 요건의 해석에 있어서도 적용될 수 있을 것으로 본다.

55

명의신탁자가 명의수탁자에게 명의신탁된 부동산을 양도한 경우 양도소득세 부과 제척기간

(서울행정법원 2021. 5. 18. 선고 2020구합71598 판결)

[사건 개요]

망 A는 이 사건 1토지와 2토지(이하 '이 사건 각 토지')를 각 취득하면서, B에게 이 사건 각 토지를 명의신탁하여, 위 각 토지에 관하여 B 명의로 소유권이전등기를 마침.

A가 사망한 후 망 C는 망 A의 상속인으로서 이 사건 각 토지를 상속받음.

망 C는 2005년경 B와 사이에 망 C가 B에게 이 사건 각 토지 및 B에게 명의신탁되어 있던 다른 토지인 이 사건 3토지를 매도하기로 하는 내용의 매매계약(이하 '이 사건 매매계약')을 체결하였고, 이후 B는 망 C에게 2005. 8. 26.부터 2009. 4. 10.까지 8회에 걸쳐 매매대금을 모두 지급함.

서울지방국세청장은 망 C에 대하여 2009년 및 2010년 양도소득세 부분

조사(이하 '이 사건 세무조사')를 실시한 결과, 이 사건 각 토지가 양도된 시기는 이 사건 매매대금이 청산된 시점이고, 위 양도는 명의신탁된 토지를 양도한 것으로서 소유권이전등기가 수반되지 아니하였으므로 '사기 기타 부정한 행위'로써 양도소득세를 포탈한 경우에 해당하여 그 부과제척기간이 10년이라는 취지의 과세 자료를 피고에게 통보함.

피고는 위 과세 자료를 근거로 하여 망 C에게 2009년 귀속 양도소득세를 결정·고지함(이 사건 처분). 망 C는 이 사건 처분에 불복하여 조세심판원에 심판청구를 한 후 사망하여 원고들이 공동상속인들로서 청구인 지위를 승계하였고, 조세심판원은 위 심판청구를 기각함.

[법원의 판단]

이 사건 매매계약 당시 매매대금의 최종 지급일 등 지급시기가 정해져 있지 않았던 이상 장기할부조건부 매매에 해당하기 위한 요건으로서 소유권이전등기 접수일·인도일 또는 사용·수익일 중 빠른 날의 다음 날부터 최종 지급일까지의 기간이 1년 이상인지 여부를 확정할 수 없었다고 할 것이고, 단지 계약의 체결 경위, 매매대금의 지급방법 등에 비추어 매매대금의 최종 지급일까지 상당한 기간이 소요될 것으로 예상되었을 뿐이라고 보인다. 따라서 이 사건 매매계약은 구 소득세법 시행규칙 제78조 제3항에 규정한 장기할부조건부 매매에 해당한다고 보기 어려우므로, 이 사건 각 토지의 양도시기에 관하여 구 소득세법 시행령 제162조 제1항 제3호를 적용할 수 없다. (이 사건 각 토지의 양도시기는 구 소득세법 시행령 제

162조 제1항에 따라 매매대금을 청산한 2009. 4. 10.경이고, 구 소득세법 제110조 제1항은 양도소득과세표준 확정신고기간에 관하여 '양도소득금액이 있는 당해 연도의 다음 연도 5. 1.부터 5. 31.까지'로 규정하고 있으므로, 양도소득세과세표준 확정신고기한은 2010. 5. 31., 양도소득세를 부과할 수 있는 날은 그다음 날인 2010. 6. 1.이 된다.)

이 사건 각 토지는 B에게 명의신탁된 것이었는데, 망 C는 B와 이 사건 매매계약을 구두로 체결하였을 뿐, 계약서도 작성하지 않았고, B로부터 7억 원이 넘는 이 사건 매매대금을 현금으로만 지급받은 사정(즉 이 사건 각 토지의 양도는 그 계약 및 이행과정에서 외부로 드러날 수 있는 증빙을 남기지 않았기 때문에 이 사건 세무조사가 있기 전까지 피고로서는 양도소득세의 과세요건사실을 발견하기 현저히 곤란하였다고 보이는 점) 등을 살펴보면, 망 C는 이 사건 각 토지의 양도에 관하여 양도소득세를 회피할 의도로 그 부과와 징수를 불가능하게 하거나 현저히 곤란하게 하는 '사기 기타 부정한 행위'를 하였다고 봄이 타당하므로, 이 사건 각 토지의 양도에 관한 양도소득세 부과제척기간은 10년이 된다. (원고 청구 기각)

[설명]

대상판결 사안의 경우 양도소득세 부과제척기간을 도과하였음이 다투어진 사례로, 부과제척기간의 기산일과 부과제척기간이 5년인지, 아니면 10년인지가 문제되었다.

국세의 부과제척기간은 국세를 부과할 수 있는 날부터 5년이고(국세기본법 제26조의2), 과세표준과 세액을 신고하는 국세의 경우 해당 국세의 과세표준과 세액에 대한 신고기한 또는 신고서 제출기한의 다음 날이 국세를 부과할 수 있는 날로서 부과제척기간의 기산일이 된다(국세기본법 시행령 제12조의3 제1항 제1호). 그리고 소득세법은 양도소득세의 경우 양도소득 과세표준을 그 과세기간의 다음 연도 5월 1일부터 5월 31일까지 신고하도록 하고 있는데(제110조 제1항), 자산의 양도차익을 계산할 때 그 취득시기 및 양도시기는 대금을 청산한 날이 분명하지 아니한 경우 등 대통령령(제162조 제1항)으로 정하는 경우를 제외하고는 해당 자산의 대금을 청산한 날로 정하고 있다(제98조). 따라서 소득세법 시행령 제162조 제1항 각호의 예외사유에 해당하지 않는 이상 부동산 양도에 따른 매매대금을 청산한 날의 다음 연도 6. 1.이 양도소득세를 부과할 수 있는 날이 되므로, 이를 양도소득세 부과제척기간의 기산일로 보게 된다. 대상판결 사안의 경우 매매대금의 최종 지급일이 2009. 4. 10.이므로, 이에 대한 양도소득과세표준 확정신고기한은 다음 연도인 2010. 5. 31.까지이고, 양도소득세를 부과할 수 있는 날은 그다음 날인 2010. 6. 1.이 되므로, 이때부터 부과제척기간이 기산된다.

한편, 대상판결 사안의 경우 원고는 이 사건 매매계약에 따른 매매대금이 수년에 걸쳐 지급된 사실에 기초하여 소득세법 시행령 제162조 제1항 제3호의 '장기할부조건부 매매'에 해당하여, 소유권이전등기 접수일·인도일 또는 사용수익일 중 빠른 날이 양도시기가 되는데, 명의수탁자인 B는 이 사건 매매계약을 통해 각 토지를 사용수익하게 되었으므로, 이 사건 매매계약일인 2005. 8.경을 양도시기로 보아야 한다고 주장하였다. 그러나 장기할부조건부 매매에 해당하려면 매매계약 당시에 최종 할부금의 지급기일이 자산의 소유권이전등기 접수일·인도일 또는 사용수익일 중 빠른 날의 다음 날부터 최종 할부금의 지급기일까지의 기간이 1년 이상임이 확정되어 있어야만 하고, 단지 최종 할부금의 지급일까지 상당한 기간이 소요될 것으로 예상되었거나 구체적인 계약 이행 과정에서 최종 할부금의 지급이 지연되어 결과적으로 소유권이전등기등기 접수일·인도일 또는 사용수익일 중 빠른 날의 다음 날부터 1년 이상이 경과된 후에 지급되었다고 하여 장기할부조건부 매매라고 할 수는 없다(대법원 2014. 6. 12. 선고 2013두2037 판결). 이 사건의 경우 이 사건 매매계약 당시 매매대금의 최종 지급일 등 지급시기가 정해져 있지 않았던 이상 장기할부조건부 매매에 해당하지 않게 된다.

다음으로 국세기본법 제26조의2 제1항은 국세의 부과제척기간에 대하여 국세를 부과할 수 있는 날부터 5년으로 하되, 납세자가 대통령령으로 정하는 사기나 그 밖의 부정한 행위로 국세를 포탈하거나 환급·공제받은 경우에는 국세를 부과할 수 있는 날부터 10년으로 연장하고 있다(같은 조 제2항). 이때 '사기 기타 부정한 행위'란 조세의 부과와 징수를 불가능하게 하거나 현저히 곤란하게 하는 위계 기타 부정한 적극적인 행위를 말하고, 다른 행위를 수반함이 없이 단순히 세법상의 신고를 하지 아니하거나 허위의 신고를 함에 그치는 것은 여기에 해당하지 않는다. 또한 납세자가 명의를 위장하여 소득을 얻더라도, 명의위장이 조세포탈의 목적에서 비롯되고 나아가 여기에 허위 계약서의 작성과 대금의 허위지급, 과세관청에 대한 허위의 조세 신고, 허위의 등기·등록, 허위의 회계장부 작성·비치 등과 같은 적극적인 행위까지 부가되는 등의 특별한 사정이 없는 한, 명의위장 사실만으로 구 국세기본법 제26조의2 제1항 제1호에서 정한 '사기 기타 부정한 행위'에 해당한다고 볼 수 없다(대법원 2018. 3. 29. 선고 2017두69991 판결 등). 따라서 명의신탁 부동산의 양도행위가 있었던 경우라고 해도, 단순히 명의신탁 행위와 이에 뒤따르는 부수행위만으로는 조세포탈의 목적에서 비롯된 부정한 적극적인 행위로 보기는 어려워 10년의 부과제척기간을 적용할 수 없다.

그러나 이 사건의 경우 매매계약서 작성도 하지 않고 구두로 매매계약을 하였을 뿐 아니라, 매매대금 지급도 매수인이 자신의 예금계좌에 예치되어 있던 돈을 과세관청 등의 추적을 피할 수 있는 금액으로 나누어 수회에 걸쳐 그때그때 인출하여 모아두었다가 매도인측에 전달하였다. 법원은 이러한 사실 등에 비추어 망 C가 이 사건 각 토지의 양도사실과 그 양도소득을 숨기기 위하여 통상의 거래와 달리 이례적으로 은밀한 방법을 사용하였다고 볼 수 있고, 거기에는 양도소득세를 포탈하려는 의도가 있었다고 보아 10년의 부과제척기간이 적용된다고 판단한 것이다.

56

공동선조의 묘소가 있거나 종중원이 경작하고 있는 종중 소유 토지를 양도한 경우 양도소득세 감면 대상이 되기 위한 요건

(제주지방법원 2020. 9. 8. 선고 2019구합5100 판결)

[사건 개요]

원고 종중은 1977. 12. 23. 제주시 조천읍 ○○리 ○○토지(이하 '이 사건 토지')를 매수하고 1977. 12. 26. 소유권이전등기를 마침.

원고 종중은 2015. 5. 27. 피고로부터 국세기본법 제13조 제2항에 따라 법인으로 보는 단체로 승인받았음.

원고 종중은 2015. 9. 1. 이 사건 토지를 A에게 매도하고, 2015. 12. 30. 피고에게 이 사건 토지의 양도에 따른 양도소득이 자경농지에 대한 양도소득세 감면규정의 적용대상이라는 전제에서 산출세액이 15,876,031원으로 된 2015 사업연도 귀속 양도소득세 과세표준 신고를 하고 위 금액을 납부함.

피고는 법인단체 자경농지 부당감면 기획점검을 실시한 후 원고가 신고한 자경농지 감면 적용을 배제하여 2017. 11. 6. 원고에게 2015 사업연도 귀속 법인세 240,260,000원의 결정·고지처분(이하 '이 사건 처분')을 함.

[법원의 판단]

구 조세특례제한법 시행령 제66조 제1항, 소득세법 제1조의2 제1항 제1호에 따를 때 법인이나 단체가 아닌 개인(자연인)만이 '거주자'에 해당할 수 있음이 문언상 명백하므로 원고의 양도소득에 구 조세특례제한법 제69조 제1항을 그대로 적용할 수는 없다. 나아가 육농정책의 일환이라는 입법목적에 따른 조세부담 경감대상을 정함에 있어서 자연인과 법인이 그 법적 지위나 성격, 설립 및 활동상 차이가 있음에 기초하여 위와 같은 입법목적에 충실하게 자연인과 법인에 각각 걸맞는 다른 요건을 둘 수 있는 것인데, 법인세를 납부하는 법인 등에 대하여는 구 조세특례제한법 제66조 제1항, 제68조 제1항에서 법인세를 감면하는 특례를 따로 두고 있는 점 등에 비추어 구 조세특례제한법 제69조 제1항이 양도소득세 감면 대상을 개인에 한정한 것이 조세형평의 원칙에 어긋난다고 볼 수 없으므로, 개인이 아닌 단체에 대하여까지 위 규정을 굳이 유추 적용할 합리적 이유가 있다고 보기 어렵다.

원고가 이 사건 토지를 보유한 일부 기간 동안 원고 종원 B가 이 사건 토지를 경작하여 그 수입 일부를 종중에 지급하였으며, 원고가 이를 선조 분묘 벌초 비용 등에 사용한 사실이 인정되기는 한다. 그러나 위 사실들만으로는 아래의 사정들에 비추어 이 사건 토지를 '원고의 고유목적사업에 직접 사용한 고정자산'에 해당한다고 볼 수 없다.

◎ B가 이 사건 토지를 경작한 것은 원고가 종원인 B를 이용하여 스스로 농사를 한 것이거나 또는 B에게 이 사건 토지를 임대한 것 등으로 볼 수 있는데, 재산 보유 여부와 무관하게 자연발생적으로 성립하는 종중의 특성에 비추어 볼 때 농사나 토지임대가 종중의 고유한 목적(공동선조의 분묘수호와 봉제사 및 종원 상호간의 친목)에 포함된다고 볼 수 없다.

◎ 원고 정관 제14조에 열거된 사업들(문중 자산관리 및 증식에 관한 사업 등)은 원고의 고유목적 자체가 아니라 그것을 달성하기 위한 수단으로 정한 것임이 그 문언상 명백하다.

◎ 원고가 이 사건 토지에서 얻은 수익으로 원고의 고유목적사업을 수행하는데 필요한 비용을 충당하였다고 하더라도 이 사건 토지가 원고의 고유목적사업 수행에 간접적으로 기여한 것을 넘어 '직접 사용'되었다고 보기는 어렵다.

◎ 구 법인세법 제3조 제3항 제5호 및 같은 법 시행령 제2조 제2호는 비영리법인이라도 그 고정자산의 처분수익을 과세대상소득으로 취급하는 것을 원칙으로 하되 고정자산 처분일 기준으로 3년간 고유목적사업에 직접 사용하였다는 요건을 갖춘 경우에 한하여 예외적으로 비

과세대상으로 삼고 있는데, 원고 주장과 같이 종중의 지출비용을 충당하기 위한 사업이 고유목적사업에 해당한다고 해석한다면 결국 종중의 거의 모든 수익사업을 고유목적사업으로 볼 수 있다는 결론이 되어 예외를 과도하게 확장하여 원칙을 무색하게 하는 불합리를 초래하므로, 그와 같은 해석은 조세법률주의에 반하여 허용될 수 없다.

◎ 원고가 이 사건 토지를 선조의 묘지로 사용하였다면, 이 사건 토지를 원고의 고유목적사업에 직접 사용한 고정자산으로 볼 수 있을 것이다. 그런데, 구 법인세법 제3조 제3항 제5호, 구 법인세법 시행령 제2조 제2호에 따라 고정자산의 처분수익이 과세대상에서 제외되려면 그 고정자산이 '처분일 당시 3년 이상 계속하여' 고유목적사업에 직접 사용된 것이어야 하는데, 원고의 주장에 의하더라도 원고 종원들의 선조인 망 C의 묘가 이 사건 토지에 존재한 것은 1948년부터 2003년까지였다는 것이므로, 원고가 이 사건 토지를 그 처분일인 2015. 9. 1. 당시 3년 이상 계속하여 고유목적사업에 직접 사용하고 있었다고 할 수 없음은 분명하다. (원고 청구 기각)

[설명]

대상판결 사안의 경우 원고 종중이 종중원에게 그 소유 부동산을 명의신탁한 경우는 아니다. 하지만 종중 역시 국세기본법 제13조의 법인으로 보는 단체로 볼 수 있고, 명의신탁된 종중 소유의 토지를 종중이 양도한 경우 종중이 양도소득세의 납세의무자가 되기 때문에(대법원 1983. 4. 12.

선고 82누444 판결, 대법원 1999. 11. 26. 선고 98두7084 판결 등), 이 사건에서 문제된 조세감면 특례 적용 여부는 종중이 명의신탁 재산을 양도한 경우에 있어서도 동일하게 문제될 수 있다.

이 사건의 경우 종중 소유 토지를 종중원이 경작한 경우에도, 조세특례제한법 제69조(자경농지에 대한 양도소득세 감면) 제1항에 따른 양도소득세 감면이 되는지 여부와 비영리내국법인의 과세소득에서 제외되는 '고유목적사업에 직접 사용되는 자산' [법인세법 제4조 제3항 제5호 단서(구 법인세법 제3조 제3항 제5호 단서)]에 해당하는지 여부가 문제된다.

먼저, 자경농지 감면 대상인지를 살펴보면, 조세특례제한법 제69조 제1항은 '농지 소재지에 거주하는 대통령령으로 정하는 거주자'가 8년 이상 대통령령으로 정하는 방법으로 직접 경작한 토지 중 대통령령으로 정하는 토지의 양도로 인하여 발생하는 소득에 대해서는 양도소득세의 100분의 100에 상당하는 세액을 감면하도록 하고 있다. 그런데, 소득세법 제1조의2 제1항 제1호는 '거주자'와 관련하여, 국내에 주소를 두거나 183일 이상의 거소(居所)를 둔 개인으로 정의하고 있고, 법인은 이와 구분하여 '내국법인'과 '외국법인'으로 규정하고 있다. 이에 대상판결은 국세기본법상 법인으로 보는 단체에 해당하는 종중은 위 조세특례제한법 규정상 자연인인 '거주자'에 해당하지 않으므로, 위 특례규정이 적용되지 않는다고 판단한 것이다.

다음으로, 이 사건의 경우 비과세대상으로 볼 수 있는지 여부를 살펴보면, 법인세법 제4조 제3항 제5호 단서 및 같은 법 시행령 제3조 제2항은 처분 당시 3년 이상 계속하여 법령 또는 정관에 규정된 '고유목적사업에 직접 사용하는 자산'의 처분으로 인한 수입을 과세대상인 '각 사업연도의 소득'에서 제외하고 있다. 이때, '고유목적사업에 직접 사용하는 자산'에는 어떤 것이 해당되는지가 문제되는데, 법인세법 시행령 제56조 제5항은 '고유목적사업'을 해당 비영리내국법인의 법령 또는 정관에 따른 설립목적을 직접 수행하는 사업으로서 위 시행령 제3조 제1항에 따른 수익사업 외의 사업으로 정하고 있다.

  종중의 경우를 살펴보면, 고유 의미의 종중은 공동선조의 분묘 수호와 제사, 종원 상호 간 친목 등을 목적으로 하는 자연발생적인 관습상 종족집단체(대법원 2020. 4. 9. 선고 2019다216411 판결)이고, 대상판결 사안에서도 원고 종중의 정관은 "… 중략 … 조상선영을 섬기고 후손의 번영을 추구하며, 종문 간의 상호 친목과 상부상조를 함으로써 문중발전을 도모함."을 목적으로 정하고 있다. 이러한 종중 정관상의 목적에 비추어 보면, 선조의 분묘가 소재하는 토지의 경우 '공동선조의 분묘수호와 봉제사'라는 목적에 직접 사용되는 것으로 볼 수 있다. 분묘뿐만 아니라, 제사를 위한 시설 등이 있는 토지 역시 이에 해당할 것이다. 다만, 비과세대상에 해당하려면, 처분 당시 계속하여 3년간 선조의 분묘가 이 사건 토지에 위치해 있었어야 하나, 이 사건의 경우 그 기간 내에는 선조의 분묘가 위치한 사실이 없기 때문에 비과세 대상에 해당하지 않는다고 판단되었다.

제7장

주식명의신탁

주식의 명의자와 실질주주가 다른 경우라도 회사에 대해서는 주주 명부상의 주주만이 회사에 대해서는 주주권을 행사할 수 있다(대법원 2017. 3. 23. 선고 2015다248342 전원합의체 판결). 반면 명의자와 실질주주가 다른 주식의 소유권은 실질주주에 귀속되고, 처분도 가능하다. 부동산과 달리 타인 명의 주식의 보유는 금지되지 않는다. 다만, 증여의제에 따른 과세의 쟁점이 있을 뿐이다. 본 장에서 증여의제에 관해서는 다루지 않는다.

57

주권이 발행된 명의신탁 주식의 권리행사

(대법원 2019. 8. 14. 선고 2017다231980 판결)

[사건 개요]

원고는 액면금 440,000,000원의 자기앞수표를 발행하여 피고 乙 주식회사(피고 甲 주식회사의 자회사)에 주식인수 대금으로 납입하고, 피고 乙 주식회사의 주식 44,000주를 인수하고, 피고 乙 주식회사의 주주명부에 기재되고, 주권을 소지하고 있음.

피고 甲 주식회사는 원고에게 주식 명의신탁 해지를 통보하고, 주권의 반환을 요구하는 통지서를 발송함. 원고는 아무런 답변을 하지 않았고, 피고 乙 주식회사의 회생절차에서도 주식에 대한 권리를 행사하지 않았음.

피고 甲 주식회사는 피고 乙 주식회사에, 원고의 주식은 원래 피고 甲 주식회사가 원고에게 명의신탁을 하였던 것인데 적법하게 명의신탁이 해지되었다고 주장하면서 원고의 주식에 관한 명의개서절차 이행을 청구함.

이에 피고 乙 주식회사는 주주명부에서 원고에서 피고 갑 주식회사로 주주를 변경하는 기재를 하였음.

이후 원고는 피고 甲 주식회사를 상대로 진정명의회복을 위한 명의개서 절차의 이행을 구하고, 피고 乙 주식회사에 대해서는 원고가 진정한 주주라는 확인을 구하는 소를 제기함.

[법원의 판단]

주권의 점유자는 적법한 소지인으로 추정되므로(상법 제336조 제2항), 주권을 점유하는 자는 반증이 없는 한 그 권리자로 인정되고 이를 다투는 자는 반대사실을 입증하여야 한다. 주권이 발행되어 있는 주식을 양도할 때에는 주권을 교부하여야 하고(상법 제336조 제1항), 주권이 발행되어 있는 주식을 양수한 자는 주권을 제시하여 양수사실을 증명함으로써 회사에 대해 단독으로 명의개서를 청구할 수 있다. 이때 회사는 청구자가 진정한 주권을 점유하고 있는가에 대한 형식적 자격만을 심사하면 족하고, 나아가 청구자가 진정한 주주인가에 대한 실질적 자격까지 심사할 의무는 없다. 따라서 주권이 발행되어 있는 주식을 취득한 자가 주권을 제시하는 등 그 취득사실을 증명하는 방법으로 명의개서를 신청하고, 그 신청에 관하여 주주명부를 작성할 권한 있는 자가 형식적 심사의무를 다하였으며, 그에 따라 명의개서가 이루어졌다면, 특별한 사정이 없는 한 그 명의개서는 적법한 것으로 보아야 한다. (乙 주식회사는 甲 주식회사의 명의개서절차 이행청구에 대하여 형식적 심사의무를 다하였다고 볼 수 없으므로, 원고

의 청구를 모두 인용)

[설명]

주주명부에 주주로 등재되어 있는 사람은 그 회사의 주주로 추정되며 이를 번복하기 위해서는 그 주주권을 부인하는 측에 증명책임이 있으므로, 주주명부의 주주 명의가 신탁된 것이고 그 명의차용인으로서 실질상의 주주가 따로 있음을 주장하려면 그러한 명의신탁관계를 주장하는 측에서 명의차용사실을 증명하여야 한다(대법원 2007. 9. 6. 선고 2007다27755 판결, 대법원 2011. 3. 24. 선고 2010다91916 판결 등 참조).

주주명부에 주주로 등재되어 있는 이는 주주로서 주주총회에서 의결권을 행사할 자격이 있다고 추정되므로, 특별한 사정이 없는 한 주주명부상의 주주는 회사에 대한 관계에서 그 주식에 관한 의결권을 적법하게 행사할 수 있다. 주주명부상의 주주임에도 불구하고 회사에 대한 관계에서 그 주식에 관한 의결권을 적법하게 행사할 수 없다고 인정하기 위해서는, 주주명부상의 주주가 아닌 제3자가 주식인수대금을 납입하였다는 사정만으로는 부족하고, 그 제3자와 주주명부상의 주주 사이의 내부관계, 주식 인수와 주주명부 등재에 관한 경위 및 목적, 주주명부 등재 후 주주로서의 권리행사 내용 등에 비추어, 주주명부상의 주주는 순전히 당해 주식의 인수 과정에서 명의만을 대여해 준 것일 뿐 회사에 대한 관계에서 주주명부상의 주주로서 의결권 등 주주로서의 권리를 행사할 권한이 주어지지 아니한 형식상의 주주에 지나지 않는다는 점이 증명되어야 한다(대법원 2010.

3. 11. 선고 2007다51505 판결).

주식회사가 주권을 발행한 경우 명의개서의 청구를 하는 사람은 주권을 소지하는 것으로 주주로서 적법한 권리를 갖는 것으로 추정된다(상법 제336조 제2항). 주권을 소지한 자가 주식회사에 명의개서를 청구한다면 주식회사는 정당한 사유 없이 명의개서를 거절할 수는 없다. 이 경우 주식회사는 주권을 소지하고 있는 자에 대해 심사권을 행사한다고 하더라도 이는 형식적 심사에 한정될 뿐이다. 피고 乙 주식회사의 주주명부에는 원고가 주주로 등재되어 있었고, 발행된 주권 역시 원고가 소지하고 있었다. 그런데 피고 甲 주식회사가 원고에게 명의신탁 해지를 통지하였다는 사정에 기초하여, 피고 乙 주식회사가 요구하는 명의개서 청구를 받아들였다. 주주명부의 등재 내용 및 주권 소지자에 대한 형식적 심사권만이 있다고 해도, 피고 乙 주식회사는 원고가 주권을 소지하고 있음을 알고 있었고, 피고 甲 주식회사가 명의신탁약정을 주장하고 있을 뿐 이에 대한 처분문서조차 제시하지 못하고 있으므로, 피고 乙 주식회사가 피고 甲 주식회사의 명의신탁 해지 통지라는 사정만을 확인하고, 명의개서를 받아 준 것은 형식적 심사의무를 다하지 않았으므로, 주권을 소지하고 있는 원고가 진정한 주주로 판단한 것이다.

실제로 피고 甲 주식회사와 원고와 사이 주식에 대한 명의신탁약정이 존재하였다고 하더라도, 주주로서 명의신탁자가 발행 주식의 회사에 대해 권리를 행사하기 위해서는 발행된 주권을 소지하여야 할 것이다.

58

주식 명의신탁과 주권 선의취득

(대법원 2018. 7. 12. 선고 2015다251812 판결)

[사건 개요]

A는 피고 회사의 대표이사이고, B는 원고 회사의 대표이사임.

A는 2012. 12. 31. 피고 회사의 주식 6만 주(이 사건 주식)를 매수하면서 B와 명의신탁계약을 체결하고, B의 명의로 매수하였음. 이후 B가 피고 회사의 대표이사직에서 물러나면서 피고 회사의 금고에 보관된 이 사건 주식의 주권을 꺼내어 가져감.

이후 B는 원고 회사에게 이 사건 주식을 매도하기로 하고, 대금 10억 5,000만 원을 지급받고, 원고 회사는 B에게서 이 사건 주식의 주권을 인도받음.

원고 회사는 이 사건 주식의 소유자는 B이며, B에게서 매수하고 주권을 인도받았다고 주장하면서 피고 회사에 대하여, 이 사건 주식에 대한 명의개서를 청구하였음. 더불어 원고 회사는 선의 및 중과실 없이 이 사건 주식의 주권을 취득하였으므로, 선의취득한 것이라고 주장.

이에 대해 피고 회사는 이 사건 주식의 소유자는 B가 아닌 A이며, B는 명의수탁자에 불과하고, 원고 회사는 B가 명의수탁자에 불과하다는 것을 알고 있었으므로, 선의취득도 성립할 수 없다고 주장.

[법원의 판단]

주권의 선의취득은 주권의 소지라는 권리외관을 신뢰하여 거래한 사람을 보호하는 제도이다. 주권 취득이 악의 또는 중대한 과실로 인한 때에는 선의취득이 인정되지 않는다(상법 제359조, 수표법 제21조). 여기서 악의 또는 중대한 과실이 있는지는 그 취득 시기를 기준으로 결정하여야 하며, '악의'란 교부계약에 하자가 있다는 것을 알고 있었던 경우, 즉 종전 소지인이 무권리자 또는 무능력자라거나 대리권이 흠결되었다는 등의 사정을 알고 취득한 것을 말하고, 중대한 과실이란 거래에서 필요로 하는 주의의무를 현저히 결여한 것을 말한다. 그리고 주권 등을 취득하면서 통상적인 거래기준으로 판단하여 볼 때 양도인이 무권리자임을 의심할 만한 사정이 있음에도 불구하고 이에 대하여 상당하다고 인정될 만한 조사를 하지 아니한 채 만연히 주권 등을 양수한 경우에는 양수인에게 상법 제359조, 수표법 제21조 단서에서 말하는 '중대한 과실'이 있다고 보아야 한다. (원고 청구 기각)

[설명]

대상판결은 발행되는 주식을 인수함에 있어서 타인의 승낙을 얻어 그의 명의로 출자하여 주식인수 가액을 납입한 경우에는 명의차용자만이 실질 주식인수인으로서 명의개서 등의 절차를 밟은 여부와 관계없이 주주가 되는 반면, 단순히 명의대여자에 불과한 자는 주주가 될 수 없다는 기존의 입장을 확인한 판결이다.

따라서 명의수탁자인 B는 이 사건 주식에 관하여는 무권리자이며, 명의차용자인 A가 이 사건 주식의 실질 소유자라고 판단한 것이다(대법원 1977. 10. 11. 선고 76다1448 판결, 1985. 12. 10. 선고 84다카319 판결, 1998. 4. 10. 선고 97다50619 판결 등 참조).

대상판결은 주권의 선의취득과 관련해서 원고 회사가 A와 B 사이의 명의신탁 약정이 존재한다는 사실을 알았을 것으로 보았다. 원고 회사는 B가 무권리자임을 의심할 만한 사정이 있었음에도 아무런 조사도 하지 아니한 채 만연히 이 사건 주식에 대한 매매계약을 체결한 것이므로, 거래에 필요한 주의의무를 현저히 결여한 중대한 과실이 있는 것으로 본 것이다.

이와 관련하여, 대상판결의 결론을 비판적으로 보는 견해가 있다. 즉 명의신탁약정에 따라 대외적으로는 명의수탁자가 주주권의 귀속자가 되며, 명의수탁자가 그 주식을 제3자에게 처분하였다면 그 제3자는 선악을 불문

하고 적법하게 주식을 취득한다고 보아야 한다는 것이다.[3]

---

3 정웅기 『타인명의의 주식인수와 주주권의 귀속 법리-대법원 2017. 12. 5. 선고 2016다 265351 판결을 중심으로』, 법학연구2019, vol.60, no.3, 통권 101호 pp. 141-178(38 pages).